KB259968

PASTORPRENEUR

교회를 경영하라

존 잭슨 지음 | 김승환 옮김

HANEON.COM

교회를 경영하라

교회를 경영하라

펴 냄   2006년 10월 25일 1판 1쇄 박음 / 2006년 11월 1일 1판 1쇄 펴냄
지은이   존 잭슨
옮긴이   김승환
펴낸이   김철종
펴낸곳   (주)한언
          등록번호 제1-128호 / 등록일자 1983. 9. 30
주 소   서울시 마포구 신수동 63-14 구 프라자 6층(우 121-854)
          TEL. 02-701-6616(대) / FAX. 02-701-4449
책임편집   장성길 skjang@haneon.com
디자인   김신애 sakim@haneon.com
홈페이지   www.haneon.com
e-mail   haneon@haneon.com

이 책의 무단전재 및 복제를 금합니다.
잘못 만들어진 책은 구입하신 서점에서 바꾸어 드립니다.

ISBN 89-5596-386-6   03320

교회를 경영하라

PASTORPRENEUR

교회의 사명은 세상 속에서
사람들의 삶을 바꿔나가는 것입니다

TO

FROM

나에게 많은 도움을 베풀어주신

동료 목회자들과 교회 리더 및 크리스천 사업가들에게

이 책을 바친다. 이들 목회자들과 리더들은 힘들지만

창조적이고 특별한 일을 통하여 자신이 섬기고 있는 교회가

지역 사회에 영향을 미치도록 만들었다.

복음의 내용은 결코 변하지 말아야 하지만…

복음을 세상에 전하는 방법은 사회 변화에 맞추어

항상 가장 효과적인 것으로 바뀌어야 한다.

비전을 소유한 진정한 전략가

여러분은 전략적 사고를 통해 스스로의 삶을 바꿔 나갈 수 있다. 실제로 《생각의 법칙 10+1 *Thinking for a change*》에서 나는 "전략적 사고는 어려운 과정을 단순화하고, 불확실한 미래를 준비하게끔 돕는다"라고 기록했다. 교회야말로 전략적 사고가 가장 필요한 곳 중의 하나이지만, 아직까지 적용이 안 되고 있는 실정이다. 교회는 인생에서 가장 힘든 일을 겪고 있거나, 불확실한 미래를 준비 중인 사람들이 많이 모여 있는 곳이다.

미국 목회자들의 대부분이 자신들이 하고 있거나 해야 할 일로 인해 마음이 크게 눌려 있거나, 낙심하고 있거나, 좌절감을 느끼고 있다. 그러나 그들이 전략적 사고를 이해한다면 그들 앞에 놓여 있는 불확실한 미래에 보다 효과적으로 대처할 수 있을

것이다. 전략적 사고는 목회자들이 자신들의 사역지에서 과거
보다 훨씬 효과적인 사람이 되도록 만들어줄 것이다. 전략적 사
고는 일반적인 통념과 다르게 사고하는 것이다. 그것은 저절로
생겨나는 것이 아니다. 사람들은 새로운 세계로 나아가는 것에
대해 두려워 하지만 내 경험으로는 그런 발걸음은 위험을 감수
할 만한 가치가 있다.

내가 이 책을 추천하는 가장 큰 이유는 전략적 사고에 대한
깊은 애정 때문이다. 이 책에서 나의 친구 존 잭슨*John Jackson*
목사는 미국 서부에서 가장 빠르게 성장하고 있는 교회 중 하나
인 카손 밸리 크리스천 센터를 담임해 오면서 얻은 목회철학을
열정을 가지고 들려주고 있다. 존은 그 교회를 1998년에 설립했
는데 5년도 채 안 되어 2,000명이 넘는 성도를 가진 교회로 부흥
시켰다.

존은 전략적 사고가이다. 그는 비전을 소유한 사람이다. 그
는 다른 사람에게 예수 그리스도의 복음을 증거하는 것뿐만 아
니라 지난 몇 년 동안에 동료 목회자들에게 자신의 경험을 나누
어주는 일을 해왔다. 존은 파트너십과 협력의 필요성을 믿고 있
고, 다른 사람과 함께 일하는 것을 좋아한다. 그는 다른 사람에게
함께 여행을 하자고 말하는 것을 두려워하지 않는다. 그 결과,

오늘날 수천 명의 사람이 그와 함께 새로운 여정에 동참하고 있다. 카손 밸리 크리스천 센터는 전략적 사고와 함께 분명한 비전을 가지고 있기 때문에 성공하고 있다.

여러분이 새로운 교회를 개척하는 일에 관심이 있거나 현재 사역하고 있는 곳을 변화시키고자 한다면 이 책을 꼭 읽어보라고 추천하고 싶다. 존 잭슨은 자기가 무엇을 말하고 있는지 아는 사람이다. 그는 그것을 위해 지금까지 살아왔다. 존과 카손 밸리 크리스천 센터의 성도들은 위험을 감수하고 자신들의 생각을 바꾸었다. 나는 여러분들에게도 그것이 필요하다고 생각한다.

− 존 C. 맥스웰
INJOY 그룹의 창립자

하나님의 꿈이 이뤄질 때까지

하나님은 지난 23년의 사역기간 동안에 성공과 실패를 통해 그분에 대한 소망을 잃지 않고, 그분을 의지하게끔 만드셨다. 이 책은 그 과정에서 얻은 성공과 실패의 경험으로부터 배운 교훈을 정리한 것이다. 나는 그 교훈을 여러분들과 함께 나눌 수 있게 되어서 매우 기쁘다.

그동안 동료 목사들과 교회 리더, 그리고 크리스천 비즈니스 리더들과 많은 대화를 나누면서 이 책이 필요한 두 부류의 사람들이 있다는 것을 깨닫게 되었다. 첫째 부류의 사람들은 생각을 많이 하는 사람들로서 목회 방법이나 철학, 이유들을 알고 싶어한다. 또 다른 부류의 사람들은 행동가들이다. 그들은 "방법만 가르쳐주면 언제든지 행동에 옮기겠다"는 생각을 가진 사람들이다. 이 책은 이 두 부류의 사람들을 위해 씌어졌다.

대부분의 교회 리더들과 크리스천 비지니스 리더들은 이 책의 첫 네 장을 읽음으로써 주님이 우리를 부르신 소명을 좇아 큰 위험을 감수하는 일에 대해 도움을 받을 수 있을 것이다. 이 네 장은 앞으로 제시할 전략들에 대한 성경적 기초를 제공해주고, 전략을 실행하는 데 필요한 용기에 대해 설명하고 있다. 나는 여러분들이 시간을 충분히 가지고 이 장들을 주의 깊게 읽어본 후에 전략 부분에 관한 장들로 옮겨가라고 말하고 싶다. 그러나 여러분이 행동으로 바로 옮기는 것을 좋아하는 부류의 사람들이라면 첫째 장만 읽고, 바로 다섯째 장으로 건너 갈 수도 있다.

우리교회의 리더십 팀은 이 책에서 제시한 목회 철학과 전략을 주제로 함께 나눈 토론에서 큰 도움을 받았다. 여러분이 속한 교회의 리더십 팀도 교회 발전을 위한 리더들간의 토론의 기초로서 이 책을 사용할 수 있을 것이다. 하나님은 여러분이 대화하는 가운데 그분을 영화롭게 만들 큰 꿈을 찾을 수 있도록 만들어주실 것이다. 모든 교회에 기업가의 혁신적 사고를 가진 목사들과 리더들이 생겨나서 함께 자라고 배워나간다면, 하나님이 우리들에게 주신 큰 꿈이 현실로 이루어지는 것을 볼 수 있을 것이다.

- 존 잭슨

한국의 독자들에게

내가 처음 이 책을 쓰기 시작했을 당시에는, 솔직히 말해 한국어로 번역될 것이라고는 생각하지 못했다. 그러나 하나님은 항상 우리들보다 위대하시고, 그분의 뜻은 우리의 생각보다 늘 앞서 가신다. 2003년 여름에 이 책을 마무리한 이후 나는 미국 전역과 아프리카를 다니면서 이 책의 내용을 사람들에게 전할 기회를 가졌었다. 이제 하나님의 손길이 한국에서 이루어지고 있는 그분의 사역을 위해서도 이 책을 사용코자 하시는 듯하다.

이 책의 가장 중요한 내용은 우리 각자와 지역교회는 전도와 선교를 향한 하나님의 계획을 열심히 감당해야 한다는 것이다. 목사들은 혁신적인 기업가의 전략적 사고를 본받아 교회를 운영하며 성도들을 대담하고도 창의적으로 선도해 나가야 한다. 예수 그리스도를 사랑하는 일반 성도들도 하나님의 영광을 위해 지역교회에서 자신의 리더십을 창조적으로 사용하여야 한다. 예수님은 교회를 사랑하고 계시며 그분의 몸 된 교회는 담대하고, 창의적이고, 비전이 있고, 혁신적인 조직이 되어야 한다.

이 책을 읽는 독자들이 새로운 도전을 받고, 용기를 얻길 기도 드린다. 천지를 만드신 하나님이 또한 여러분을 만드셨다. 그분은 여러분들이 이 땅 위에서부터 하나님 나라의 역동적인 일원이 되기를 원하고 계신다. 여러분이 담대하게 큰 꿈을 꾸었기 때문에 그리스도를 알지 못하는 많은 사람들이 주님을 알게 될 것이다.

CONTENTS

나약하고, 연약하고, 유순하고,

부드러운 마음을 가진 사람은 승리를 가져오지 못하지만

바이킹의 심장과 어린아이처럼 단순한 믿음을 가진

사람들은 승리를 가져온다.

그들은 필사적이고, 억세고, 물러설 줄 모르며,

두려움이나 패배에도 절대 굴하지 않는다.

나는 그런 사람들을 내가 가진 보배로 장식 드리우고,

내가 가진 고기를 함께 나누어 먹을 것이다.

로버트 W. 서비스 *Robert W. Service*의
《유콘의 법칙 *Law of the Yukon*》 중에서

1 하나님의 큰 소명 God's Call to Bold Action

악인은 쫓아오는 자가 없어도 도망하나 의인은 사자 같이 담대하니라

| 시편 28 : 1 |

우리는 과거의 케케묵은 방식으로 일을 처리하는 것이 더 이상 통하지 않는 시대에 살고 있다. 교회는 과거 수백 년 동안 서구 사회의 기초를 이뤄왔음에도 불구하고, 지금은 사회에 영향력을 거의 발휘하지 못하는 지경에까지 이르렀다. 오늘날의 교회에는 두말할 나위 없이 새롭고, 대담하며, 분명한 사역이 필요하다. 현재의 사역활동에서 점진적이고 작은 변화를 추구하는 것만으로는 교회를 다시 사회 변화의 선도적 역할을 감당하게

만드는 일에 큰 영향을 미치지 못할 것이다.

윌리엄 이섬은 그의 저서 《공룡과 춤을 *Dancing with the dinasaurs*》에서 "교회가 지금까지 일을 해온 방식에서 단지 조금 개선하는 정도에 머문다면, 그들은 결국 사라지고 말 것이다"라고 경고했다. 미국 주요 교단이 쇠퇴하고 있는 가장 큰 이유로 관료주의와 옛날 그대로의 일 처리 방식을 손꼽는 사람들이 많다. 조지 바나는 한 걸음 더 나아가 "미국 교회를 지난 20년간 연구해온 결과, 나는 현재 우리가 잘 알고 있는 큰 교회들이 급속히 수명이 다해가고 있다고 확신한다"라고 말했다.

나는 많은 동료 목회자들과 변화에 대한 나의 비전을 함께 나누어 왔는데, 그들은 이 비전을 '교회를 위한 혁신 기업가적 전략(an entrepreneurial strategy for churches)' 이라고 불렀다. 이 비전은 기업 경영에서 사용하는 '공격적인 목표 설정방법'과 사람들을 향한 '하나님의 마음' 을 결합한 것이다. 나는 후에 이러한 개념을 정리해 '최고경영자 목사(PastorPreneur)' 라는 단어를 만들었다. **최고경영자 목사' 란 자신들의 위험을 감수하고서라도 예수 그리스도가 주신 큰 소명을 추구하는 혁신적이고 창조적인 크리스천 리더를 지칭하는 말이다.** 그들은 여타 훌륭하고 혁신적인 기업가들처럼 현명하고 사려 깊은 사람들이다. 그들은 목표와 이를 달성하는 데 필요한 기회와 위험을 주의 깊게 평가하고, 하나님을 위해 위험을 감수하고서라도 그분이 주신 소명을 달성하려고 시도한다. 그들의 앞길은 성공과 실패로 점철되겠지만 일단 성공하고 나면 안전하게 작은 변화를 추진했을 때보다 더 많은 사람들에게 복음을 전할 수 있게 된다. 그들은 실패를 통해 교훈을 얻으며, 실패는 미래의 성공을 위한 징검다리 역할을 한다.

나는 목회자들이나 교회 리더들이 이 책을 읽고 하나님의 영광을 위해 자신들이 가능하다고 꿈꾸는 것보다 더 큰 꿈을 꾸고, 그 일을 이루기 위해 기꺼이 위험을 택하라고 말하고 싶다. 교회 리더들은 이 책에서 설명하는 다섯 가지 전략을 실천에 옮기길 바란다. 나는 또한 크리스천 기업가들이 영혼구원에 대한 하나님의 마음을 이해하고, 이 책에서 소개하는 전략 중 이웃에 거주하는 불신자들을 위한 전도행사, 교회와 파트너가 되는 일에 적극 참여하기를 원한다. 교회마다 그리스도를 위해 자신들의 삶을 드리기를 원하는 사람들이 있다고 믿는다. 그들은 하나님을 위해 자신들의 재능과 가지고 있는 자원을 사용할 기회를 찾고 있다.

교회 역사를 돌이켜보면 하나님은 중요한 고비마다 사람들을 택하여 교회에 큰 변화를 가져오는 새로운 비전과 이를 실행하는 대담한 전략을 시작하도록 하셨다. 사도 바울의 선교 여행으로 로마제국 전역에 교회가 세워졌다. 그는 대담하게 그리스도의 복음을 로마 시민들을 포함한 이방인에게 선포했다. 어떤 것도 그의 복음 선포를 막을 수 없었다. 그는 자유인이었을 때나 죄수의 신분이었을 때나 사람들에게 인정을 받을 때나 멸시를 받을 때나 항상 새로운 생각을 가지고 있었다. 그리스도를 향한 바울의 열정은 그 시대 사람들에게 큰 힘이 되었고, 복음에 대한 그의 열정과 선교전략은 오늘날의 교회 리더들에게도 큰 영향을 미치고 있다. 그는 고린도전서 9장에서 세계 모든 사람에게 복음을 전파하고자 했던 자신의 열정을 다음과 같이 기록했다.

내가 모든 사람에게 자유하였으나 스스로 모든 사람에게 종이 된 것은 더 많은 사람을 얻고자 함이라

유대인들에게는 내가 유대인과 같이 된 것은 유대인들을 얻고자 함이요 율법 아래 있는 자들에게는 내가 율법 아래 있지 아니하나 율법 아래 있는 자 같이 된 것은 율법 아래 있는 자들을 얻고자 함이요

율법 없는 자에게는 내가 하나님께는 율법 없는 자가 아니요 도리어 그리스도의 율법 아래 있는 자나 율법 없는 자와 같이 된 것은 율법 없는 자들을 얻고자 함이라 약한 자들에게는 내가 약한 자와 같이 된 것은 약한 자들을 얻고자 함이요 여러 사람에게 내가 여러 모양이 된 것은 아무쪼록 몇몇 사람들을 구원코자 함이니 내가 복음을 위하여 모든 것을 행함은 복음에 참예하고자 함이라 (고전 9 : 19 ~ 23)

바울은 예전에 하던 식으로 똑같이 일을 해야 한다고 생각하지 않았다. 하나님은 그의 마음에 사람들의 다양한 필요를 충족시킬 수 있는 교회를 개척할 수 있도록 새로운 전략을 심어주셨다. 바울만이 그와 같은 개척자 정신을 가졌던 것은 아니다. 선교의 위대한 세기라 일컫는 19세기에는 윌리엄 캐리나 아도니람 저드슨, 허드슨 테일러와 같은 사람들이 그리스도의 복음을 세상 사람들에게 전파하기 위해 새로운 길을 개척하여 나아갔다. 존 모트와 학생자원운동(the Student Volunteer Movement)은 세상의 필요에 반응하여 한번도 예수 그리스도의 이름을 들어보지 못했던 수백 만 명의 사람들에게 복음을 증거했다. 최근에는 윌로우 크릭 교회와 새들백 교회와 같이 교회 전략의 정형화된 모습을 깨뜨린 경우도 있다. 그들은 오직 하나님의 분명한 소명으로부터 출발하여 수백 만 명의 사람들에게 직·간접적으로 영향을 미친 새로운 비전과 실천의 본보기가 되었다. 이런 모든 개척자들은 나에게 잠언의 한 구절을 생각나게 한다. "악인은 쫓아오는 자가 없어도 도망하나 의인은 사자 같이 담대하니라."(잠언 28:1)

또 다른 대담한 전략의 성공을 보기 위해 우리는 의문을 가진 채 남겨졌다. 우리는 지금까지 항상 해온 그대로 목회사역을 하면서 우리가 속해 있는 사회에 큰 영향을 미치지 못한 채 조그마한 성과에 만족해하면서 현재 상태에 머물고 있지 않는가? 아니면 새로운 비전과 강력한 전략, 그리고 엄청난 결과를 기대하며 하나님을 과감히 신뢰하는 위험을 감수할 것인가? 나는 성령이 이끄는 새로운 기업가적 개혁운동의 활성화가 교회를 과거 어느 때보다 주변 사회에 큰 영향을 끼치도록 만들 것이라고 믿고 있다.

황금을 좇아가라

선교사 짐 엘리어트의 아내인 엘리자베스 엘리어트는 선교를 향한 남편의 준비 과정을 잘 기술하였다. 짐 엘리어트는 그리스도에 대한 자신의 사랑과 그분이 주신 대사명(Great Commission)에 대한 결단을 지금부터 100여 년 전 알래스카의 얼어붙은 유콘 지역으로 금을 캐러갔던 광부의 심정과 비교했었다. 짐 엘리어트와 알래스카 광부는 둘 다 큰 위험과 어려움을 예상했다는 점에서는 동일했지만 힘든 여정의 결과로 기대하는 엄청난 성과의 내용은 서로 달랐다. 광부들은 눈에 보이는, 일시적인 황금을 좇아 위험을 감수했지만 엘리어트는 결코 사라지지 않을(고전 3:12) 영적인 황금과 보석을 추구했다. 짐 엘리어트는 선교사역을 감당하면서 부딪치게 될 큰 위험에 대비해서 자신을 훈련하던 시절에 로버트 W. 서비스의 〈유콘의 법칙〉 일부분을 자기 일기에 적어놓고, 그것을 읽으면서 마음을 다짐하였다. 엘리자베스 엘리어트는 그녀의 책 《외로움의 노정 *The path of loneliness*》에서 남편이 일기장에 적어놓은 그 시의 구절을 옮겨놓았다.

어리석고 연약한 사람을 보내지 말라
강하고 정신이 분명한 사람을 보내라
전쟁터와 같은 격전을 치룰 만큼 강하고,
고난 속에서도 정신을 놓치지 않는 사람을 보내라
전쟁을 치룰 각오가 되어 있고,
결코 물러서지 않을 투지를 가진 사람을 보내라…
나는 나를 정복할 사람을 기다리고 있다
나는 단 시일 내에 정복당하지 않을 것이다
나는 나약하고, 연약하고, 유순하고, 부드러운 마음을
가진 사람에게는 결코 패배하지 않을 것이며,
바이킹의 심장과 어린아이처럼 단순한 믿음을 가진 사람들만이
나를 정복할 수 있을 것이다
그들은 필사적이고, 억세고, 물러설 줄 모르며,
두려움이나 패배에도 절대 굴하지 않는다
나는 그런 사람들을 내가 가진 보배로 장식 드리우고,
내가 가진 짐승의 고기를 나누어줄 것이다

이 시는 짐 엘리어트의 내면에 그리스도의 복음을 위해 강한 사람이 되어야 한다는 생각을 심어주었고, 사자와 같은 담대함과 어린애 같은 순수한 신앙을 가지도록 도와주었다. 광부들은 캐나다와 알래스카의 거칠고 힘든 유콘 지역으로 황금광을 찾아서 위험한 모험을 감행했다. 황금에 대한 기대가 그들에게 위험을 감수할 만한 열정, 희망, 용기를 심어준 것이다.

오늘날 교회 리더들을 앞으로 나아가게 만드는 약속과 기대는 무엇인가? 대부분의 교회 리더들은 이에 대해 분명한 생각을 가지지 못하고 있다. 전에 해오던 것을 그대로 답습하면서 적당히 성과를 거둔 채 현재의 상태에 안전하게 머무는 것은 쉬운 일이다. 많은 교회 리더들이 시스템을 조금만 고치면서 작은 성과에 만족해하고 있다. 그러나 우리 중에는 더 큰 것이 우리 앞에 있음을 알고 있는 사람들도 있다. 지금이 바로 새로운 방향 전환을 위한 중요한 시간이다. 아울러 대담한 용기를 가질 시점인 것이다.

하나님이 우리에게 약속하신 보상은 유콘이 광부들에게 약속한 황금보다 더욱 마음을 설레게 하는 것이다. **그것은 우주의 주인이신 하나님이 사람들을 어두움 가운데서 구원하여 하나님의 왕국으로 옮기시는 그의 거룩한 뜻을 위해 우리를 사용하시겠다는**

약속이다. 우리 각자에 대한 약속은 우리가 하나님의 마음을 좇아 그분이 원하는 길을 따라가면 마침내 "잘 하였도다 착하고 충성된 종아! 네 주인의 즐거움에 참예할찌어다"라는 말씀을 들을 수 있다는 것이다. 그 보상은 황금보다 훨씬 값진 것이다.

짐 엘리어트가 바라보던 눈에 보이지 않지만 우리 주님이 반드시 주실 상급과 하나님의 뜻을 이루기 위해 어떤 위험도 감수코자 하는 불굴의 용기는 이 책 전반에 걸쳐 흐르는 주제이다. 짐 엘리어트가 그리스도와 그분의 가르침에 대해 우리들이 가져야 할 자세로서 유콘으로 떠난 광부의 삶을 통해 큰 감동을 받았기 때문에 우리는 유콘 광부들의 이야기를 종종 언급할 것이다.

스냅사진 속의 인물들

오늘날의 대담하고 기업가적인 교회 개혁활동을 추진하고 있는 개척자들의 예가 되는 사람을 살펴보자. 미시간의 웨스트윈즈 커뮤니티 교회의 론 마르토이아 목사와 성도들은 불신자들을 예수께로 인도하기 위해 드라마와 첨단기술, 성도 간의 친밀한 교제를 사용하고 있다. 그들은 사회가 교회를 이해하도록 요구하지 않고, 교회가 먼저 사회를 이해하도록 돕고 있다.

마르토이아 목사는 자신의 대담한 전략을 그의 책《모프*Morph*》에서 자세히 기술하고 있다. 그는 몇 년 전 점진적인 성장을 가져올 기존의 목회 방법을 따를 것인지 아니면 위험을 감수하고서라도 새로운 방법을 추구할 것인지 선택해야 하는 시점에 서 있었다. 그는 자신의 새로운 전략에 대해 지역의 불신자들이 긍정적으로 반응할지 자신할 수 없었고, 성도들이 자신을 따라와 줄지 확신할 수 없었지만, 그는 하나님을 신뢰하고 큰 모험을 시작했다. 그는 실패할 경우 교회 내에서 일어날 수 있는 조롱과 비난의 위험을 감수했고, 이단자로서 낙인찍혀 다시는 다른 교회에서 그를 청빙하지 않을 위험을 감수했다.

에드 영 목사는 휴스톤에 있는 세컨드 침례교회에 체력단련 시설과 농구장, 볼링장을 설치했다. 많은 사람들이 그를 세속적이라고 비난했다. 그러나 영 목사는 지역사회가 필요로 하는 것을 이해했고, 하나님이 교회를 불신자들을 위한 전도 장소로 사용하시는 것은 물론 가족들을 위한 안식처로 사용하시기를 원하시고 계신다는 것을 믿었다. 그는 스포츠를 중요시 여김으로써 그러지 않았으면 평생 교회에 나오지 않았을 사람들을 교회에 나오도록 만들었다. 그들 대부분은 교회에서 새 친구를 사귀었고, 많은 사람들이 그리스도를 구주로 영접했다. 이러한 전략은 오늘날 매우 흔하지만 에드 영 목사가 이러한 대담한 발걸음을 내딛었던 30년 전에는 매우 드문 일이었다.

커비 존 콜드웰 목사가 텍사스 휴스톤에 있는 윈저 빌리지 연합 감리교회에 부임할 당시 그 교회는 기껏해야 약 60명의 출석교인을 가진, 성장이 거의 정체된 오래된 교회였다. 하나님이 그에게 목회의 새로운 비전을 주셔서 그는 교회 내에 9개의 비영리조직을 만들고 영세가정의 주택, 교육, 직업기술의 전수 문제를 다루도록 했다. 이러한 조직은 지역사회 사람들의 생활수준을 개선하는 데 큰 도움을 주었을 뿐만 아니라 그들을 그리스도께로 인도하는 데 크게 기여하였으며 양자는 강력한 시너지 효과를 가져왔다.

크리스천 리더들은 목표로 하고 있는 전도 대상들에게 복음을 전파하기 위해 기존 방식과는 다르게 생각하는 방법을 배워야 한다. 복음 전도자는 사회 활동과 복음 설교를 혼합하는 데 편안함을 느낄 수 있어야 한다. 우리는 복음을 전파하기 위한 수단으로서 홈리스들을 위한 휴식처에서 봉사하기도 하고, 음식료품을 푸드뱅크(식품제조업체나 개인으로부터 식품을 기탁 받아 이를 소외계층에 지원하는 식품지원 복지 서비스 단체-옮긴이 주)에 전해주기도 한다. 그러나 이와 함께 중·상류층 사람들의 필요에 대해서도 이를 채워줄 수 있는 창조적인 방법을 강구해야 한다.

로버트 슐러 목사는 오래 전부터 사람들에게 복음을 증거하는 데 있어서 개척자의 역할을 했다. 그의 단순하면서도 강력한 목회철학은 "도움이 필요한 부분을 찾아서 그들을 도와주라. 상처받은 사람을 찾아서 그들을 치유하라"는 것이다. 그러한 관점을 가질 때 교회는 항상 지역사회에서 꼭 필요한 조직이 될 것이다.

레인 존스톤 목사는 '교회는 여자와 약자들만이 다니는 곳'이라고 생각하는 사람들이 많이 모여 사는 캘리포니아 그래나이트 베이에서 베이사이드 커버넌트 교회를 설립했다. 그곳 사람들은 신앙이란 '인생이 제대로 풀리지 않는 사람들을 위한 것'이라고 믿었다. 그래나이트 베이에서 교회를 설립하기 전에 레이 목사는 전국에 걸쳐 십대들을 상대로 한 사역에 전념했었다. 그는 교회를 개척하면서 목회 방향을 상류층 불신자들의 희망과 두려움을 감안하여 특별히 부모들과 십대자녀들의 관계에 중심을 두는 쪽으로 잡았다. 그는 오랫동안 교회에 관심을 보이지 않고, 실제로 그리스도의 복음과 교회에 대해 매우 부정적인 태도를 가지고 있었던 사람들에게 그리스도의 필요성을 증거했다.

카손 밸리 크리스천 터에서 첫 해를 보내면서 교회가 개최한 교육프로그램을 진행하는 동안에 한 남자가 나를 찾아왔다. 그는 "목사님에 관해 여러 이야기를 듣고, 여기서 하시고 계시는 일을 지켜봐 왔습니다. 목사님은 지역사회에 복음을 전하는 이번 전략이 실패하면 다른 계획을 가지고 계신 것 같지 않습니다"라고 말했다.

나는 그에게 말했다. "정확히 보셨네요. 우리는 우리의 비전에 완전히 모든 것을 던졌습니다. 이제는 헤엄쳐 건너든지 물에 빠져 죽든지 둘 중 하나입니다." 그 사람은 제대로 본 것이다. 우리는 처음부터 큰일을 이루기 위해 하나님을 의지하기로 마음먹었다. 우리는 작은 것을 생각하지 않았다. 우리는 작은 것을 믿지 않았다. 우리는 작은 것처럼 행동하지 않았다. 나는 상공회의소 모임에 가서 그들에게 우리 교회가 지역사회에 큰 영향을 미치도록 하겠다는 큰 꿈에 대해 설명했다. 우리 교회가 수 년 내에 크게 성장하지 못하면 우리는 온 동네에 웃음거리가 되는 위험을 안고 있었다. 우리 교회의 비전은 진공상태에서 개발된 것이 아니다. 하나님은 네바다 주의 카손 밸리 지역에 살고 있는 사람들을 그리스도께로 인도하는 일에 자신의 시간과 돈과 에너지를 쏟을 멋진 사람들을 보내주셨다.

대담한 일을 시작하려는 리더들은 종종 재정문제로 어려움을 겪는다. 초대 교회 지도자들은 자신의 가르침에 따르는 사람들이 필요한 물질을 공급해줄 것으로 기대했다. 바울은 그가 개척한 교회에서 물질을 공급하도록 가르칠 수 있었으나 그렇게 하지 않았다. 바울이 개척한 교회들은 종종 스스로 알아서 바울을 물질적으로 후원했지만 항상 그렇지는 않았다. 바울은 그리스도를 위해 복음을 증거하는 일을 가장 우선적으로 생각하고 있어서 그 일에 대부분의 시간과 노력을 기울였다. 개척교회에서 헌금을 보내오면 그는 그것을 받았다. 돈이 오지 않을 때는 사역에 필요한 돈을 마련하기 위해 기쁘게 텐트를 만들었다. 그는 복음을 세상에 전파하는, 주님이 주신 일을 감당하면서 모든 일에 '스스로 만족하는 비밀을 배웠기' 때문에 결코 불평하지 않았다. 그의 본보기는 우리가 오늘날 배워야 할 교훈이다.

그분으로부터, 그분에 의해서, 그분을 위하여

하나님이 우리를 통해 할 수 있는 것에 대한 비전은 우리 스스로가 만들어낸 것이 아니다. 그것은 하나님께로부터 온 것이며, 그분의 능력에 의해서 이루어진 것이며 그의 영광을 위하여 하는 것이다. 작가 오스 기네스는 하나님의 소명이 단지 목회자들만의 것이 아니라고 말했다. **우리 각자는 주님의 사랑과 권능을 받았고, 우리는 기쁘게 그분을 따르고 그의 목적을 달성하기 위해 모든 것을 포기할 수 있어야 한다.** 오스 기네스는 "소명이란 하나님이 우리를 그분께로 부르셨기에 우리 자신의 모든 것, 우

리가 하는 모든 것, 우리가 소유한 모든 것을 특별한 헌신과 역
동성으로 그분의 부르심에 응답하여 그분을 섬기는 데 투자하
는 것이다"라고 말했다.

큰 목표를 가진 사람들은 하나님이 그러한 목표의 근원일 때
그가 그것들을 이룰 힘과 지혜를 공급해주신다는 것을 알고 있
다. 사람들이 예수를 영접한 후 변화되는 것을 보고 감동을 느
낀 사람은 하나님이 우리를 그 일에 동참시켜주신 것에 대해 말
할 수 없는 특권을 부여받았다는 것을 깨닫게 된다. 하나님에
의해 우리가 사용되고 있다는 생각은 그분께로부터 온 것이고,
우리들의 생각은 그분에 의해 순수하게 변하게 되고 그분의 지
시를 받는다. 목표의 성취는 그분이 우리의 자발적인 헌신과 칭
찬을 받을 만하시기 때문에 그분의 영광을 위한 것이다.

대부분의 사람들은(심지어 교회 리더들조차도) 그리스도를 자
신들의 바쁜 생활 안으로 가두어버리고, 주님이 자신들이 이미
설정해놓은 목표를 달성하는 데 머물기를 기대한다. 주님은 그
보다 훨씬 더 값진 대우를 받으셔야 할 분이다. 그는 모든 피조
물을 다스리는 주권을 가지신 분이며, 이 세상의 알파와 오메가
요, 세상 사람들을 죄에서 구원하실 말씀이며, 하나님의 어린 양
이신 것이다.

사역 초기에 제자들을 향한 주님의 부르심은 매우 단순했다. "나를 따르라." 그 부르심에 열두 제자가 절대적이고, 완전하게 그분을 따라갔다. 오늘날에도 마찬가지다. 오스 기네스가 분명하게 말한 것처럼 하나님의 소명은 우리의 정체성을 형성하여 우리의 생각, 말, 행동 등이 하나님을 영광스럽게 하기 때문에 우리 자신과 우리가 하는 일이 훨씬 깊은 의미를 지니게 된다. 그분은 우리가 가진 최상의 것을 받기에 합당하시다. 그 최상의 것이란 그분을 위하여 우리가 가진 모든 것을 바치고, 희생할 준비가 되어 있음을 의미한다. 우리는 더 이상 현 상태에 안전하게 머물면서 만족스럽게 지낼 수 없다. 우리는 담대하게 그분의 선하심과 위대하심을 우리가 속한 지역사회와 세계 모든 곳에 선포해야 한다. 그는 그 모든 것 이상을 받으시기에 합당한 분이다.

나의 배경

나는 목사 가정에서 자라났다. 어렸을 때 사람들은 나를 위해 기도했고, 나의 머리를 쓰다듬어 주시며 아버지와 같은 목사가 될 것이라고 말했다. 그런 말을 들을 때마다 이를 부인하며 "절대 그렇게 되지 않겠다"고 속으로 생각했다. 어릴 때 나의 꿈은 프로야구 선수가 되는 것이었다. 고등학교 때 나는 하나님의 소명에 대해 매우 깊이 생각하였다. 여전히 야구를 원했지만 그보다는 하나님이 내게 원하시는 것을 하기를 원했다. 그러나 두 가지만은 예외였다. 그것은 목사나 선교사는 절대로 되지 않겠다는 것이다. 나는 목사 가정에서 자라났기 때문에 자라서도 그런 생활을 하고 싶지 않았다. 선교사는 풀로 된 옷을 입고, 풀로 된 집에 산다고 생각했고, 선교사들이 10년마다 미국으로 돌아와서 보여주는 지루한 슬라이드 사진 때문에 나는 선교사가 되고 싶지 않았다.

목사나 선교사는 절대 되지 않겠다고 나를 향한 하나님의 뜻을 엄격히 제한했지만 그분은 나를 교회목사로 부르셨다. 처음에는 하나님이 신학교를 졸업한 후 먼 시골마을에 가서 한 25명 정도 되는 작은 교회의 목사가 되기를 원하신다고 생각했다. 내가 하는 일은 다른 목사님들처럼 아이들의 탄생을 축하해주고, 결혼식에서 주례하고, 장례식에서 집전하는 것이라고 믿었다. 나는 그것이 나를 향한 하나님의 소명이라고 믿고서 세속적인 삶을 단념했다.

나의 역할 모델이 되시는 아버지는 설교는 잘하셨지만 계획을 수립하거나 사람들을 지휘하는 행정적인 능력은 약하신 분이셨다. 그런데 젊은 목사 시절에 내가 아버지와 달리 행정능력이 있다는 것을 알고 매우 놀랐다. 25살쯤 되었을 때 대학원에서 조직행동과 리더십에 관한 것으로 교육행정학 박사학위를 받았다. 그 후 이런 저런 과정을 거쳐 결국 약 400명 쯤 되는 교회의 목사가 되었다. 그 교회는 내가 부임하기 전까지 배반과 불신에 의해 성도들이 크게 상처를 받고 있었는데, 내가 할 일은 그들을 치유하고 희망을 주는 것이었다.

그 교회에서 몇 년을 보낸 후, 교단에서 교단 전체의 리더십 프로그램을 관할하는 임원으로 불러 자리를 옮겼다. 나는 우리 교단 역사상 가장 젊은 임원이 되었다. 그곳에서 내가 가진 리더십과 행정능력을 사용하는 것이 좋았다. 그러나 총회일은 매우 정치적이다. 매일 정치놀음하는 것에 지치게 되었다.

35살이 되던 해까지 하나님은 나를 부르시고, 재능을 주시고, 중요하게 나를 사용하셨다고 말할 수 있다. 그러나 나는 한 가지 비밀을 가지고 있었다. 그것은 너무 편안한 인생을 살고 있다는 것이었다. 마음속으로 예수 그리스도를 위해 한 번도 모든 것을 포기한 적이 없었고, 개인적인 실패를 각오할 만큼 충분히 하나님을 신뢰하지 못했다는 생각을 가지고 있었다. 많은 것에 성공을 거두었지만 바울이 말한 '내가 해야 할 꼭 한 가지 일'에 온 힘을 집중한 적이 없었다는 것을 깨닫고 있었다. 나는 10점 만점으로 계산했을 때 8 또는 9점 정도 수준에서 하나님이 내게 주신 능력을 사용하는 것에 만족했다. 그것은 매우 편안한 것이지만 10의 능력을 발휘하는 것을 추구하는 것은 지금까지 경험한 것보다 훨씬 큰 위험을 필요로 한다는 것을 알고 있었다. 한동안 나는 편안함과 위험한 선택 사이에서 갈등했다.

1996년 상반기에 한 수련회에서 릭 워렌 목사의 책《목적이 이끄는 교회》를 읽게 되었다. 그 책에는 릭 목사가 새들백 교회를 개척할 당시에 한 설교의 일부분을 담고 있었는데 그 설교는 20년 후에 그 교회가 이루게 될 대담하고 엄청난 비전을 묘사하고 있었다. 그 책을 처음 읽었을 때 나는 크게 웃었다. 이건 정말 웃기는 일이야! 어떻게 사람이 200명 밖에(그들 중 상당수는 가족들이어서 그 교회에 나와야만 했다) 되지 않는 주제에 성도들 앞에서 20년 안에 자기 교회가 캘리포니아 오렌지 카운티에서 50에이커나 되는 장소에서 20,000명이 모이는 교회가 될 것이라고 호기 있게 말할 수 있단 말인가? 얼마나 교만한가? 나는 새들백 지역을 알고, 오렌지 카운티가 어떤 곳인지 알고 있었다. 여러분은 그런 장소에서 그와 같은 꿈을 절대로 꾸지 못할 것이다.

나는 수련회 장소를 빠져 나와 눈길을 걸었다. 하나님이 내 마음속에 타는 숯불을 얹어놓으신 것과 같은 심정을 느꼈다. 그

순간 하나님이 "나를 위해 큰 꿈을 꾸어줄 수 있겠니?"라고 말씀하시는 것 같이 느껴졌다. 그 질문이 나의 장래에 새로운 갈림길이 되었다. 나는 그때 "못하겠습니다"라고 대답했다. 그때나는 좋은 급여와 큰 사무실 그리고 교단 임원으로서 각종 특혜를 누리고 있었다. 나는 그 당시 내 역할에 완전히 만족하지 않았지만 언젠가 하나님이 내가 더 행복하고 성취감을 느낄 수있는 교회 목사직으로 부르실 것이라고 믿고 있었다. 하나님의그때 하신 질문은 내가 받아들이기 어려운 것이었다. 그분은내가 안전과 명성, 경제적인 이익을 포기하고 그분을 신뢰하기를 원했다. 나는 급여와 사무실과 각종 특혜, 그리고 교단 내20,000여 명의 성도에 대한 영향력을 포기할 각오가 되어 있었는가? 나는 누리고 있던 안락을 뒤로 하고 미지의 세계로 걸어갈 준비가 되어 있었는가?

그날 눈길에서 나의 가슴속을 흔들어놓는 질문을 대면한 후몇 시간이 지나 하나님은 나에게 그분이 계획하시는 방향을 분명하게 보여주시기 시작했다. 그분은 전통적인 목회에 실망했지만 교회를 떠나지 않고 있던 사람들과 함께 일하도록 나를 부르셨다. 그것을 생각하면 할수록 그것이 분명 하나님의 나에 대한 소명이라는 것을 깨달을 수 있었다. 그 다음 몇 달 동안 아내는 이 꿈에 몹시 흥분되었다. 내 동생 부부와 두 명의 다른 부부가 매우 적극적으로 나의 비전을 지지했다. 총회 일을 사임했을 때 우리는 저축한 돈이 별로 없었고, 교회 개척을 위해 별도로 저축한 돈도 없었다. 그러나 하나님은 우리가 올바른 것을 결단했다는 것을 확신시켜 주시기 시작했다. 실제로 우리의 크리스마스카드 송부 대상에 기재되었던 사람들 중에서 일부가 5만 달러를 기부했고, 두 곳의 기관이 우리를 돕기 위해 20만 달러를 기부했다. 이것은 하나님이 우리 마음에 역사하고 계신다는 분명한 확신이었고 우리는 결국 네바다 주 카손 밸리 지역에 교회를 시작하기 위해 이사를 갔다.

그러나 여전히 우리가 실패할 수도 있을 것 같아서 두려웠다. 우리가 교회를 시작한 후 5년이 지나서도 성도들이 많이 모이지 않고, 지루한 예배를 드리는 장면이 머릿속에 떠올라서 괴로웠다. 그러나 하나님은 나에게 그분이 주신 소명은 일을 이루어내는 것에 관한 것이 아니라 그분을 믿고 의지하는 것에 관한 것이라는 믿음을 주셨다. 내가 할 일은 그분의 부르심에 응답하는 것이었다. 그분의 일은 그분의 방식으로 그분의 때에 그분의 영광을 위해 열매를 맺는 것이었다.

우리가 새로운 사역을 시작한 후에 나의 삶을 특징 지운 두 개의 단어는 집중(focus)과 훈련(discipline)이었다. 하나님은 내가 한 가지 일에 집중하기를 원하고 계시며, 오만 가지 일에 다 신경 쓰기를 원하지 아니하셨다. 내 마음과 정신이 그분의 뜻을 위해 레이저 빔과 같이 집중하게 되면 하나님은 무엇을 이루실 것인가? 나는 옛날 내가 누리던 안락보다도 하나님의 뜻과 그의 길을 더 사모할 수 있도록 마음을 훈련시킬 수 있을 것인가?

소명과 기쁨

우리는 희생을 생각할 때, 마지못해 드리는 못마땅한 표정을 연상한다. 그러나 우리가 하나님의 소명에 응답하여 안전을 포기할 때 우리 안에서 역사하시는 하나님을 깨닫게 되는 큰 기쁨이 생겨난다. 우리는 길이요 진리요 생명이신 그분의 인도를 받고, 그분을 위해 사용되는 엄청난 특권을 깨닫게 되며, 우리들 주변의 불신자들을 향하여 그로부터 보내심을 받은 전권대사가 된다. 베드로는 이러한 특권을 다음과 같이 묘사했다. "오직 너희는 택하신 족속이요 왕 같은 제사장들이요 거룩한 나라요 그의 소유된 백성이니 이는 너희를 어두운 데서 불러내어 그의 기이한 빛에 들어가게 하신 자의 아름다운 덕을 선전하게 하려 하심이라(베전 2 : 9)"

시간과 재능과 재물을 그분의 영광과 그분의 뜻을 위해 사용하는 법을 배우면서 우리는 사람들이 예수 그리스도를 통해 변화되는 모습을 보고 즐거움을 느끼게 된다. 영화 '불의 전차'에서 가장 기억에 남는 장면은, 에릭 리델과 그의 여동생 제니가 스코틀랜드 에딘버러 근처의 언덕에 서서 대화를 나누는 장면일 것이다. 제니는 왜 '보다 중요한 일'에 정성을 기울여야 할 때에 에릭이 올림픽 육상경기에서 선수로 뛰는 일에 열심인지 이해할 수 없었다. 그녀가 자기 이야기를 다한 후에 에릭은 그녀를 보면서 "제니, 제니. 하나님은 나에게 빠르게 달릴 수 있는 능력을 주셨어. 나는 달릴 때 하나님이 기뻐하신다고 느껴져."

우리가 하나님의 소명에 사로잡힐 때, 우리가 하나님의 목적을 위해 헌신할 때, 우리가 적극적으로 그분을 섬기기 위해 우리의 능력을 사용할 때, 우리는 "그분이 기뻐하시는 것을 느낄 수 있다." 우리는 주님을 즐거워하게 되고, 하나님이 자기 나라를 확장하기 위해 우리에게 맡겨주신 역할을 감당하는 것을 즐거워하게 된다.

사람과 교회와 지역사회를 주님을 위하여 변화시키는 대담한 전략을 추구하기 전에 우리는 먼저 강하고 분명한 소명을 가질 필요가 있다. 우리는 그분의 소명을 깨닫기 전에 어떤 것도 그 앞에 먼저 놓을 수 없다. 심지어 우리 주변에 있는 사람들의 필요조차도 나중 문제이다. 중요한 일을 하고자 하는 열망이나 다른 사람들의 칭찬을 얻기 위한 열망은 물론 그 다음이다. 하나님의 소명은 그분의 위대하심과 은총에 대해 우리가 반응하도록 요청하시는 부르심이자 그분에게 헌신하기로 다짐하는 것이고, 그 다음에 그의 목적을 이뤄나가는 것이다. 다음 장에서 우리는 어떻게 믿음의 마음으로 하나님의 분명한 소명에 응답할 수 있는지 알아볼 것이다.

각 장의 말미에 각 장에서 배운 원리들을 적용하는 데 도움이 되는 질문들을 첨부하였다. 이러한 질문에 대해 급히 대답하려고 하지 말라. 질문에 대해 충분히 생각해보는 것이 이 책을 읽는 가장 큰 보람이 될 것이다. 그러고 나서 이 책을 함께 읽고 있는 교회의 다른 리더들과 함께 질문을 사용해 교회의 새로운 진로를 마련하기 위해 활발한 토론을 벌여라.

우리는 질문 부분에서 단지 작은 여백만을 남겨놓았다. 여러분은 이러한 질문에 대해 떠오르는 생각들을 적기 위해 별도의 종이를 준비해도 좋다.

Question

1. 오스 기네스의 소명에 대한 정의를 여러분 자신의 언어로 다시
   정의내려보세요. "소명이란 하나님이 우리를 그분께로 부르셨기
   에 우리 자신의 모든 것, 우리가 하는 모든 것, 우리가 소유한 모
   든 것을 특별한 헌신과 역동성으로 그분의 부르심에 응답하여 그
   분을 섬기는 데 투자하는 것이다."

2. 잠언 28 : 1은 "악인은 쫓아오는 자가 없어도 도망하나 의인은 사
   자 같이 담대하니라"라고 기록하고 있습니다. 현재의 상태에 머
   무는 것이 그렇게 매력적인 이유는 무엇인가요?
   여러분은 하나님이 주신 담대함과 만용 간의 차이를 어떻게 구별
   할 수 있을까요?

3. 이 장에서 인용한 시 〈유콘의 법칙〉의 일부분을 읽어보세요. 유
   콘 광부들과 크리스천 리더로서 우리의 역할 간에 어떤 유사점이
   있나요? 이 시가 여러분에게 영감을 주는가? 만일 그렇다면 그 이
   유는 무엇이라고 생각하십니까?

4. 여러분은 하나님이 그분을 위해 더 큰 꿈을 꾸도록 격려하시고 있
   다는 생각을 해본 적이 있는습니까? 여러분의 생각을 적어보세요.

한 가지 일에 집중하라 Focus One Thing I Do

2

"형제들아 나는 아직 내가 잡은 줄로 여기지 아니하고 오직 한 일, 즉 뒤에 있는 것
은 잊어버리고 앞에 있는 것을 잡으려고 푯대를 향하여 그리스도 예수 안에서 하
나님이 위에서 부르신 부름의 상을 위하여 좇아가노라."　　　|빌립보서 3 : 13 ~14|

　　사람들은 가끔 그들의 기대에 대해 단순하다. 그들은 단지 무
엇인가를 원하면 하나님이 그것을 어떻게든 이뤄주시는 분이라
고 믿고 있다. 바울은 그런 환상에 빠져 있지 않았다. 그의 분명
한 비전은 자신을 향한 하나님의 계획을 추구하는 과정에서 따
라오는 현실적인 어려움, 주변의 반대, 심적 고통 등에 대한 제
대로 된 이해를 바탕으로 하고 있었다. 그러나 그는 위와 같은
장애물에도 불구하고 자기가 집중하고 있는 한 가지 일을 포기

하지 않았다. 그는 우리들처럼 여러 가지 책임을 지고 있었지만 오직 한 가지 일에 자신의 마음을 쏟았다. 그는 빌립보 교인들에게 보내는 편지에서 다음과 같이 기록했다. "형제들아 나는 아직 내가 잡은 줄로 여기지 아니하고 오직 한 일, 즉 뒤에 있는 것은 잊어버리고 앞에 있는 것을 잡으려고 푯대를 향하여 그리스도 예수 안에서 하나님이 위에서 부르신 부름의 상을 위하여 좇아가노라."(빌립보서 3 : 13~14)

바울로 하여금 자기 인생의 목적에 분명하게 집중토록 만든 것은 무엇일까? 빌립보서의 서두에서 그는 자기가 성취한 모든 업적과 세상의 지위들을 열거했다. 그는 유대교에서 최고위직에 있던 사람이고, 사회에서 성공을 추구하던 사람이었고, 그 시대의 영웅이었지만 그가 그리스도를 만난 후 그 모든 것을 무가치한 것으로 여겼다. 그는 "그러나 무엇이든지 내게 유익하던 것을 내가 그리스도를 위하여 다 해로 여길뿐더러 또한 모든 것을 해로 여김은 내 주 그리스도 예수를 아는 지식이 가장 고상함을 인함이라."(빌립보서 3 : 7~8)라고 말하고 있다.

하나님의 부르심에 대한 바울의 반응은 그리스도를 사랑하고 그를 따르는 것을 가장 우선시하는 것이었다. 이러한 태도는 목사, 선교사, 교회 직분자들 뿐만 아니라 모든 크리스천들에게 똑같이 필요한 것이다. 우리들의 반응의 깊이와 넓이는 하나님에 대한 우리의 경외심의 정도에 따라 결정된다. 오스 기네스는 "하나님은 사람들을 자신에게로 부르신다. 그러나 그의 부르심은 단순한 제안 정도의 것이 아니다. 그분의 부르심은 오직 하나의 반응—즉 그분의 권위만큼 전인격적이고 총체적인 것—만이 가능토록 할 만큼 영감적이고 명령적이다."

하나님의 사랑 안에서 누리는 기쁨과 그분을 기쁘시게 하려는 열정은 하나님의 은혜와 위대함에 대한 우리의 경외심에서 비롯된다. 우리를 향한 하나님의 부르심은 항상 조용한 순간에만 오는 것이 아니다. 우리는 하나님의 부르심을 듣기 위해 정신을 차리고 귀를 기울여야 한다. 그 이유는 하나님의 부르심은 돈을 벌고, 사회에서 성공하고, 권력을 얻는 것 등을 포함하여 우리 주변에서 일어나는 수백 가지 일상생활들을 통해서 찾아올 수 있기 때문이다. 그 중에는 세속적이고 악한 것들도 있지만 우리 삶 속에서 가장 높은 자리를 차지할 때만 문제가 되는 것도 있다. 즉, 배우자에 대한 사랑, 어린이를 보는 기쁨, 사업이나 다른 사회분야에서 성공을 거두는 즐거움 등이 그러한 것이다. 우리가 이러한 것을 하나님이 주신 선물이라고 보면 문제가 없으나 그것을 마음의 중심에 두게 될 때 하나님의 자리를 차지하고 우상이 된다.

이것은 전혀 새로운 문젯거리가 아니다. 하나님은 에레미야 선지자를 통해 이스라엘 사람들의 마음이 잘못되었음을 슬퍼하셨다. "내 백성이 두 가지 악을 행하였나니 곧 생수의 근원되는 나를 버린 것과 스스로 웅덩이를 판 것인데 그것은 물을 저축지 못할 터진 웅덩이니라."(에레미야 2 : 13)

우리가 하나님의 분명한 소명을 깨닫지 못하고, 그분과 가장 먼저 친밀한 관계를 맺지 못하고, 그분이 우리에게 원하시는 것을 정확하게 이해하지 못한다면 우리가 추구하는 의미는 헛된 것이다. 어떤 이는 끊임없이 자신을 증명해 보이기 위해 '스스로 웅덩이를 파는' 경우도 있다. 우리는 성공하기 위해 애쓰지만 그 성공이 하나님과 무관할 수도 있다. 우리는 실패의 위협을 받으면 어떻게 해서라도 그것을 피하려고 한다. 우리는 매주 80시간을 일하기도 하고, 강제적으로 세세한 일에 신경을 써야 할 때도 있고, 일이 잘못될 때는 언제나 다른 사람을 비난하기도 한다.

어떤 이는 인생의 참 의미를 찾는 일을 포기해버렸다. 크리스천 리더 중에도 깊은 공허감을 가지고 직업적으로 목회를 하는 사람들도 있다. 그들은 추진력과 꿈과 희망을 잃어버렸기 때문에 자신이 하고 있는 일에 따분해하고 있다. 어떤 이는 여러 가지 일을 시도해보고, 그 중에서 자신에게 도전의욕을 불러일으켜주는 일을 함으로써 삶의 의미를 찾고자 하는 희망을 가지고 있다. **진정한 소명을 가진 사람은 자신을 증명해 보이려는 충동과 공허한 지루함 혹은 낙심, 깊이 없이 이것저것 건드려보는 무의미한 행동을 피할 수 있다.**

소명은 교회의 크기나 사역의 규모, 혹은 크리스천 사업가의 사업 규모와 관련된 것이 아니라 하나님의 뜻에 관련된 것이다. 많은 사람들이 이 점을 놓치고 있다. 우리는 예수 그리스도를 사랑하고, 그분을 섬기는 대신 목회나 사업의 크기에 지나치게 신경을 쓰면서 자신과 다른 사람을 비교하는 데 온 마음을 빼앗기고 있다. 우리가 소명의 뿌리, 즉 하나님에 의해 선택되고, 용서받고, 자녀로 인침을 받았다는 사실을 잊어버리는 것은 개인적으로나 기독교 전체적으로나 불행한 일이다. 우리가 자신의 정체성과 사명을 발견하려고 하면서 하나님과의 올바른 관계를 잃어버리면 모든 것을 잃어버린 것과 다름없다. 하나님과의 올바른 관계 정립이 없는 우리의 모든 노력은 단지 자신의 왕국을 건설하는 것에 불과하며 하나님 나라와는 아무 관계가 없다. 그런 사람은 하나님을 기쁘시게 하는 대신 자신을 기쁘게 하는 자이다.

웨스트민스터 소요리문답에 보면 "인생의 제일가는 목적은 하나님을 영화롭게 하고 그분을 영원히 즐거워하는 것이다"라고 적혀 있다. 실제로 우리의 가장 큰 소명, 즉 우리가 이 세상에 오게 된 이유는 우주의 주권자이신, 사랑의 하나님을 경외하기 위한 것이다. 그러나 그것이 전부는 아니다. **그분의 사랑과 뜻은 우리 마음을 북돋우고 위로하며 앞으로 나아가게 만드시기 때문에 우리의 가장 큰 기쁨은 그분을 알고 섬기는 것이다.** 우리가 하나님의 사랑을 받고 있는 자녀라는 생각에서 나오는 행

동은 선하고 의로우며 훌륭하지만 자신을 내보이려고 하는 행
동은 우리의 마음을 갉아먹고 궁극적으로 공허와 실망만을 안
겨줄 뿐이다. 우리는 예수 그리스도와 얼굴과 얼굴을 마주하며
뵐 때까지는 완전히 순수한 동기를 가지지 못할 것이다. 그래
서 끊임없이 그의 은혜를 좇아 그분 발아래 엎드리고, 마음을
정결케 하고, 그분을 기쁘시게 하고 싶은 갈망을 달라고 기도
할 필요가 있다.

사람들이 하나님의 마음을 이해하는 데 도움을 주는 두 권의
좋은 책을 추천하고 싶다. 한 권은 제임스 패커 교수의 《하나님
을 아는 지식 *Knowing God*》과 헨리 블래커비 목사의 《하나님을
경험하는 삶 *Experiencing God*》이다. '우리가 하나님께 가까이
갈수록, 그의 선하심과 위대하심을 더욱 경험할수록, 그분으로
부터 전권을 위임받은 대사이자 군사가 되는 놀라운 특권을 가
지게 된다'. 그것이 우리 소명의 첫 출발점이자 인생이 끝나는
순간까지 우리에게 동기부여를 주는 끊임없는 근거가 된다.

사도 베드로는 이 점을 단순하고 강력하게 이야기하고 있다.

"그의 신기한 능력으로 생명과 경건에 속한 모든 것을 우리에게 주셨으
니 이는 자기의 영광과 덕으로써 우리를 부르신 자를 앎으로 말미암음
이라 이로써 그 보배롭고 지극히 큰 약속을 우리에게 주사 이 약속으로

말미암아 너희로 정욕을 인하여 세상에서 썩어질 것을 피하여 신의 성
품에 참예하는 자가 되게 하려 하셨으니.”   (베드로후서 1 : 3~4)

하나님의 소명, 즉 그분의 ‘보배롭고 지극히 큰 약속’에 응
답하여 그의 신성과 그의 거룩한 일에 참여했던 사람들을 예로
들어보자.

밥 버포드는 유선방송사업을 통해 부를 축적하였지만 하나
님의 소명을 위해 그가 가진 모든 것과 자신을 하나님께 드렸다.
그는 리더십 네트워크(Leadership Network)라는 조직을 창립하
여 지난 10년간 수천 명의 크리스천 리더들의 사역과 삶에 큰 영
향을 끼쳤다. 밥의 책 《하프타임》은 성공추구에서 의미추구로
삶을 전환해야 한다는 것을 자세하게 설명하고 있다.

19세기 중엽, 한 가난한 구두수선공은 자기 인생을 하나님께
드리기를 원했다. 그는 담임 목사에게 주일 학교에서 학생들을
가르칠 수 있는지 물어보았으나 담임 목사는 한마디로 거절했다
고 한다. 이 사람은 봉사할 자리를 계속해서 요청했는데 마침내
목사는 그에게 아무도 가르치기 싫어하는 거칠고, 반항기가 많
은 아이들로 된 반을 맡겼다. 그 사람은 기쁘게 그 아이들에게
복음을 가르치고 하나님의 사랑을 나누어주었다. 그 사람 밑에
서 그리스도를 믿게 된 사람 중 하나가 바로 드와이트 엘 무디인
데 그는 그 시대의 가장 유명한 복음 설교가가 되었다.

나의 동생 진은 큰 돈을 벌 수 있었던 성공적인 기업가였으나 그는 그 일을 포기하고 하나님 나라를 위해 자신이 가진 모든 것을 사용하기로 결정했다. 그가 베풀었던 많은 선한 일에 대해 자세히 말할 수 있지만, 그것은 그를 난처하게 만들 것이기 때문에 이야기하지 않겠다. 다만, 하나님이 그를 통해 카손 밸리 지역에서 우리가 교회를 세우는 데 돕도록 하셨고, 다른 교회와 목회자들에게도 많은 재정적 지원을 베풀도록 하셨고, 주님을 영화롭게 하는 데 재능과 은사를 사용토록 하시면서 경건한 리더십을 발휘하도록 하셨다.

조니 이어렉손 타다는 어려서는 착하고, 예쁜 크리스천 소녀였지만 십대 때 끔찍한 사고로 사지를 쓸 수가 없게 되었다. 그녀는 남은 생애 동안 자기연민과 우울증에 빠져들 수도 있었지만 불구의 몸이지만 자신을 향한 하나님의 뜻을 발견하였다. 그녀는 자신을 하나님의 손에 맡겼다. 오늘날 그녀는 인생에서 큰 좌절감을 느끼고 있는 사람들에게 하나님을 향한 큰 영감을 불러 일으켜주는 사역을 하고 있다. 그녀는 '조니와 친구들' 이라는 선교 단체를 만들어 장애인들을 돕고 있다. 그녀는 "나는 하나님께 헌신된 사람이다. 그분은 자신의 영광을 위해 나의 힘과 장애를 사용하실 수 있다" 라고 말하고 있다. 그녀는 걸을 수 없고, 심지어 다른 사람들이 옷을 갈아입고, 이빨을 닦는 것조차 도와주어야 하는 처지에 있지만 하나님께서 그분의 나라를 확장시켜 나가는 일에 자신을 사용하고 계신다고 믿고 있다.

로라 새인티는 우리 교회 교인으로서 특수교육을 전공하고, 15년의 교육 경험을 지닌 성도이다. 로라는 자기 시간을 마음대로 사용하는 대신 주님을 섬기는 데 사용하기로 마음먹었다. 지난번에 그녀를 부활절 연극무대를 설치하는 장소에서 보았는데 그녀는 손에 나무표면을 매끄럽게 하는 데 사용하는 사포를 들고, 이빨을 보일 정도로 환하게 웃고 있었다. 그녀는 하나님을 섬기는 일을 고역으로 생각하는 것이 아니라 심지어 사포질하는 것조차 감사한 마음으로 그 일을 하고 있었다.

한국에 선교사로 파송되었던 사람을 만난 한 미국인의 이야기를 들은 적이 있다. 선교사와 방문객이 시골길을 함께 걸으면서 논 가운데 한 농부가 아들과 함께 일하고 있는 것을 보았다. 그 아들은 아버지 앞에서 작은 쟁기를 끄느라고 애를 쓰고 있었다. 미국인 방문객이 "얼마나 불쌍하게 살고 있습니까! 저 어린 꼬마가 무거운 쟁기를 끌고 있다니, 믿을 수 없습니다" 라고 말했다. 선교사는 머리를 가로저으며 "당신은 오해하고 있군요. 저 남자와 그의 가족은 우리 교회 교인입니다. 우리가 새로운 건물을 지을 돈이 필요할 때 저 사람은 그의 소를 우리에게 주었습니다. 지금 당신이 보는 것은 가난이 아니라 주님에 대한 전적인 헌신의 모습입니다"라고 말했다고 한다.

마지막 순간에

　성경은 세상을 살아가는 사람이 마지막으로 겪게 되는 공통된 운명, 두 가지를 말하고 있다. 예수님을 믿지 않은 자들이 받게 될 비극적인 심판에 대해 마태복음 25장과 요한계시록 20장이 잘 설명하고 있다. 예수를 믿는 자들도 주님의 '심판대' 앞에 서게 되는 날을 맞이하게 될 것이다. 고린도전서 및 후서에서 바울은 신자들이 주님의 심판대 앞에 어떻게 서게 되는지를 말하고 있다. 그날에 우리는 주님을 구주로 영접한 이후의 모든 생각, 말, 행동에 대해 평가받을 것이다. 우리가 이기적인 목적으로 한 모든 것은 '나무, 풀, 짚'과 같이 불에 타 없어져버리겠지만 주님을 위해 한 모든 것은 기억되고 보상받을 것이다.

　마태복음 25장에서 예수님은 먼 여행을 떠나기 전에 세 명의 하인들에게 자기 재산을 맡겼던 한 부자에 관한 이야기를 말씀하셨다. 한 하인에게는 5달란트를 주었고, 다른 한 명에게는 2달란트, 마지막 한 명에게는 1달란트를 주었다. 주인이 돌아와서 하인들을 불러 그들에게 자신들이 한 일에 대해 물어보았다. 5달란트를 받았던 사람은 5달란트를 더 벌었고, 2달란트를 받은 사람은 2달란트를 더 벌었다. 그들은 주인으로부터 "잘했다"라는 칭찬을 받았다. 1달란트를 받은 하인은 주인이 무서워서 그 달란트를 땅에 묻어두었었다. 주인은 그 하인이 아무 것도 하지 않고 있었기 때문에 그를 꾸짖었다. "적어도 너는 그 돈을 은행에다 넣어두고 이자라도 받을 수 있었지 않았느냐!" 위험은 인생의 한 부분이다. 전혀 위험을 취하려 하지 않았던 종은 세 명의 하인 중에서 유일하게 사악하고 게으른 것으로 질책을 받았다.

이 예화에 나오는 게으른 하인은 우리 자신을 상징한다. 하나님은 우리들 중 어떤 이에게는 믿기 어려운 뛰어난 능력을, 또 어떤 이에게는 조금 못한 능력을 주셨다. 그러나 우리 각자는 하나님이 자신의 나라를 위해 사용하도록 주신 재능이 있다. 하나님은 우리를 다른 사람과 비교하지 않으신다. 그분은 오직 당신께서 주신 재능을 우리가 어떻게 사용하는지에 대해서만 보시길 원하신다. 예수님의 예화는 주님의 심판보좌에 관한 가르침으로 귀결된다. 여러분과 나는 주인을 위해 위험을 감수코자 했던 두 하인처럼 그리스도와 그의 가르침에 대한 우리의 믿음을 결산하기 위해 주님 앞에 서게 될 것이다. 그날에 "잘했다, 착하고 신실한 종아. 네 주인의 기쁨에 동참하라"라는 말을 듣기를 갈망한다.

리더십은 위험을 감수해야 한다

우리 중 어떤 이는 사자처럼 용감하다. 어떤 이는 쥐처럼 겁이 많다. 진정한 리더십을 발휘하기 위해서는, 따르는 사람들에게 큰 도움을 가져다줄 가능성이 있다면 합리적인 정도의 위험은 감수해야 한다. 헬렌 켈러 여사는 쥐처럼 겁먹을 충분한 이유가 있었으나 사자와 같은 용기를 가졌다. 그녀는 "안전은 대개 미신이다. 그것은 자연에 존재하지 않고 개인뿐만 아니라 인류 전체로서도 그것을 경험하지 못한다"고 담대하게 말했다. 위험을 피하는 것은 당장의 위험에 노출되는 것보다 장기적으로 안전하지 못하다. 인생은 과감한 도전을 하거나 아니면 아무 것도 아닌 것 둘 중 하나이다.

크리스천 리더들은 여러 가지 모습과 형태를 띠고 있다. 리더십 스타일에 관한 많은 연구가 이루어져왔다. 이 책에서는 네 가지 형태의 리더십을 말하고자 한다. 사령관형(commander), 코치형(coach), 카운슬러형(counselor), 계산기형(calculator). 위의 네 가지 리더십은 각각 위험을 어떻게 다루는지 알아보자.

사령관형 리더는 전진하기 위해 위험을 필연적인 것으로 보기 때문에 위험을 택하는 것을 즐긴다. 그는 큰 목표를 세우고 군대를 지휘하여 목표를 달성하도록 한다. 그는 실제적이고 논리적으로 조직이 원하는 곳에 도달하기 위해 취해야 할 단계들에 대한 계획을 수립한다. 사령관 리더십을 가진 사람은 교회와 같은 자발적 조직에서는 모든 사람들이 목표 지향적이 아니라는 것을 이해할 필요가 있다. 많은 사람들은 위험에 대해 두려워하기 때문에 현명한 사령관이라면 함께 일하는 사람들에게 필요한 정보를 주고, 동기부여를 하며, 용기를 심어주는 데 시간을 들일 것이다.

코치형 리더는 다른 사람이 성공하도록 돕는 것을 좋아한다. 그는 스스로 그 일을 잘할 수도 있지만 위험하더라도 다른 사람이 그 일을 하도록 권면한다. 이러한 유형의 리더는 개인적인 매력이나 열정에 의지하기보다는 시간이 걸리더라도 목표와 역할, 전략 등을 자세히 사람들에게 설명해줌으로써 그들이 위험을 감당하도록 동기를 부여한다. 반면 코치형 리더는 새로운 일에 도전하는 것에 의욕적이지만 목표를 달성하는 데 필요한 자세한 내역을 항상 꼼꼼히 챙기지 않을 수도 있다.

카운슬러형 리더는 전반적인 계획을 수립하고, 그 계획을 실행하는 과정에서 사람들이 감당해야 하는 역할들을 이해할 수 있도록 도와주는 일을 좋아하는 사람이다. 카운슬러형 리더는 때때로 상당한 위험에 직면하기도 하지만 대개 전략을 연구하고, 개발하는 역할을 담당할 때 매우 편안함을 느낀다. 이러한 형태의 리더는 대개 참을성이 있고 지속적이지만, 함께 일하는 사람이 과도하게 낙천적이거나 비합리적인 권력을 행사하려 할 때 괴로움을 느낀다.

계산기형 리더는 분명하게 설정된 제도와 절차를 따르는 데 만족을 느끼는 숫자 지향적인 사람이다. 이러한 사람은 매우 양심적이고 일이 '올바른 절차' 에 따라 이루어져야 한다고 주장한다. 그리고 가능한 한 변화를 줄이고 엄격한 기준을 고수함으로써 위험을 줄이려고 한다.

모든 사람이 리더가 될 수 있지만 그 중에는 다른 사람들을 격려하여 목표를 달성하는 데 뛰어난 재능을 가진 사람들이 있다. 미국 조지아 주 로렌스빌에 있는 크로스로드 커뮤니티 교회의 담임 목사인 랜 레일랜드 박사는 이렇게 말한다.

"위대한 리더는 모험을 감수하고라도 목표를 달성하려는 기업가적인 정신, 이상을 추구하는 정신, 조직의 진로와 분위기를 좌우하는 전략적 비전 등을 함께 지니고 있다. 그들은 다른 사람들의 도움 없이도 미래에 대한 분명한 그림을 가지고 있다. 그들은 반대의 목소리에도 불구하고 비전을 실현시킬 열정을 가지고 있다… 비전을 추구하는 많은 사람들에게서 발견할 수 있는 공통된 한 가지는 자신을 따르는 사람들과 그들의 보다 나은 삶에 대해 큰 가치를 두고 있다는 점이다. 이러한 가치는 꼭 개인적인 차원의 것만은 아니고 보다 큰 조직적인 차원의 것이 될 수 있다. 그들은 비전을 달성하기 위해 큰 위험이나 희생을 치를 각오가 되어 있다."

레일랜드 박사는 과거에는 아무도 꾸어본 적이 없는 꿈을 꾸는 타고난 비전 추구가의 재능을 지닌 소수의 사람들이 있다고 말한다. 그러나 특별한 소수를 제외한 대부분의 사람들은 그런 사람들이 누구인지 알 수 있고, 그들로부터 배울 수 있다. 보통 사람들의 꿈은 이런 뛰어난 재능을 가진 소수의 사람들과 직접 일하거나 혹은 그가 쓴 책 등을 읽음으로써 더욱 커지고 깊어지고 강해진다. 그런 과정을 통해 보통사람들도 비전 추구가가 될 수 있다.

지혜와 위험

크리스천 리더들은 몇 가지 이유 때문에 일을 처리하는 데 있어서 옛날 방식을 고집하면서 위험을 피하려고 한다. 그 이유는 성공에 대한 기준을 너무 낮게 설정하거나, 실행력이 뛰어난 리더를 만나지 못했거나, 개인적인 문제로 인해 성도들에게 인정을 못받거나, 리더가 된 지 얼마 되지 않아 그 자리에 익숙하지 않거나, 성도들의 마음을 아직 얻지 못했기 때문이다. 진정한 리더십은 위험을 전혀 감수하지 않으려고 해서는 안 된다. 리더가 가져야 할 지혜는 위험을 잘 판단해서 어떤 것이 받아들일 만한 가치가 있는지 아는 것이다.

위험 그 자체는 리더십의 목표가 아니다. 위험은 큰 비전을 가진 사람들이 처한 현실을 반영하는 것이다. 디모데후서 2장에서 사도 바울은 군인, 운동선수, 농부 등 세 가지 비유를 통해 교회 지도자를 묘사하고 있다. 이 세 종류의 사람들은 특별한 목적을 위해 일한다. 군인은 사령관을 기쁘게 하고 전쟁에서 승리하는 것이 목적이고, 운동선수는 경기에 이기는 것이 목적이고, 농부는 농사를 통해 수확의 기쁨을 누리는 것이 목적이다. 그러나 이 세 가지 역할은 그 자체에 내재된 위험이 있다. 군인들은 부상 또는 죽음의 위험을 감수해야 하고, 운동선수는 남들 앞에서 패배의 위험을 감수해야 하며, 농부는 홍수와 가뭄, 해충, 새들의 침입이라는 위험을 감수해야 한다.

새로운 도전은 인내가 필요하다

우리는 좋든 싫든 어쩔 수 없는 이유들 때문에 위험을 감수하고, 어려움을 견뎌나갈 때가 있다. 그러나 우리가 주님 앞에 설 그날에 가장 중요한 것은 거룩한 인품이다. 세상 사람들은 다른 사람을 즐겁게 해주기 위해 성공을 추구하는 경우가 많다. 거룩한 인품 없이 인내만으로도 성공할 수 있지만 그것은 단기간에 그치고 결국에는 실패하기 쉽다. 성숙한 사람은 올바른 이유 때문에 올바른 것을 하고, 그 길이 쉽기 때문이 아니라 올바른 일을 추구하고 있기 때문에 어려움을 감수한다.

나는 교회를 다니는 부모들에게 "아이들에게 옳은 일을 하는 것이 쉽다고 말하지 마세요. 그것은 사실이 아닙니다. 옳은 일을 하는 데는 조롱과 반대를 이겨낼 엄청난 용기와 의지가 필요합니다." 라고 항상 말한다. 하나님의 소명을 따르는 것은 일종의 모험이며, 본질적으로 어려움과 위험을 동반하고 있다.

우리의 믿음이 옳다고 확신한다면 이익이나 명성 때문이 아니라 하나님이 인생의 주인이시기 때문에 어려움을 만나더라도 이를 기꺼이 인내할 수 있는 것이다. 그리고 어떤 위험을 택해야 하는지를 아는 것은 하나님의 뜻과 그분을 영화롭게 해야 할 우리의 소명, 그리고 언젠가 주님 앞에 서서 우리 각자가 주님의 뜻에 어떻게 반응했는지를 심판받게 될 것이라는 사실을 분명히 깨달을 때 가능하다.

테디 루즈벨트는 목장일과 사냥을 즐기는 정치인이었다. 그는 "언제든지 자기 몸과 안락, 삶을 위대한 신념을 위해 희생할 준비가 되어 있지 않은 사람은 보상을 받을 가치가 없다"라고 말했다. 그가 말한 것과 같은 모험정신이 영적 지도자에게도 요구된다. 오스왈드 샌더스는 그의 저서 《영적 리더십*Spiritual leadership*》에서 "진정한 리더십은 자신의 모든 것을 바칠 만한 큰 목적을 위해 기꺼이 자기를 희생할 준비가 되어 있는 사람들에게서 찾아볼 수 있다"고 이야기한다.

잭 랜던의 책들은 알래스카로 황금을 찾아 떠난 사람들의 삶에 관한 장엄한 서사시이다. 그들이 알래스카 해변의 물길을 따라간 후 강물을 타고 목적지에 도달하는 길을 택했다면 거친 베링 해의 폭풍과 배를 난파시킬 수도 있는 유콘 강의 빙하와 용감하게 싸워야 했었다. 그들이 육로를 택했더라면 진흙과 눈으로 뒤범벅된 거친 길을 가야 했고, 눈 녹은 물로 범람하는 강물과 도저히 넘어갈 수 없을 것 같은 산들을 지나가야 했다. 많은 사람들이 목적지에 도달하기 전에 죽어야만 했다. 또 목적지에 도달한 후에는 등이 휘어지는 듯한 노동을 감당해야 했고, 밤에는 초라한 통나무집에서 동료들과 등을 맞대고 잠을 자야 했다. 문명과 거의 단절된 그런 지역에서 부상은 곧 죽음을 의미했다. 그러나 수천 명의 사람들이 그곳으로 몰려들었다. 그 여행은 위험하고, 그곳에서의 일은 힘들었으나 사람들은 황금을 찾아 그곳으로 몰려들었다. 그곳을 찾는 사람들에게 황금을 찾을 수 있다는 희망은 어떤 어려움과 희생을 감수할 만한 가치가 있는 것이었다.

우리들의 소망은 유콘을 찾은 광부들의 것과 비교해서 어떠한가? **광부들의 희망은 일시적인 것이었지만 우리들의 소망은 영**

원한 것이다. 광부들은 그들의 보물을 보고, 만질 수 있다는 장점을 가지고 있었으나 우리는 눈에 보이지 않는 것을 소망하고 있다. 우리에게는 하나님이 우리의 마음의 눈을 열어주셔서 영적 보물의 실체를 분명하게 볼 수 있도록 도와주시는 것이 필요하다. 그러면 우리는 유콘의 광부처럼 하나님이 예비하신 보물을 얻기 위해 기쁜 마음으로 모든 어려움과 희생을 감수할 수 있을 것이다. 그렇게 될 때 우리는 하나님이 우리를 부르신 상급을 얻기 위해 목표를 향해 달려갈 수 있을 것이다.

Question

1. 여러분의 영혼에 불을 지피고, 여러분의 눈에 빛이 돌게 한 그런 경험을 한 적이 있습니까? 여러분의 사역 가운데 그와 같은 열정을 경험한 때를 이야기해봅시다.

2. 다음 성경구절을 묵상해보세요.

"형제들아 나는 아직 내가 잡은 줄로 여기지 아니하고 오직 한 일, 즉 뒤에 있는 것은 잊어버리고 앞에 있는 것을 잡으려고 푯대를 향하여 그리스도 예수 안에서 하나님이 위에서 부르신 부름의 상을 위하여 좇아가노라"
(빌립보서 3:13~14)

이 구절을 통해서 어떤 메시지를 받으셨습니까? '하나님의 소명'과 '우리들이 그것에 관심을 집중해야 할 필요성'에 초점을 맞춰서 이야기해봅시다.

3. 이 장에서 말한 네 가지 형태의 리더십(사령관형, 코치형, 카운슬러형, 계산기형)에 관해 다시 생각해봅시다. 당신은 어떤 타입입니까? 여러분이 속한 교회나 조직에서는 사람들이 위험을 어떻게 다루고 있습니까?

4. 어떤 통찰력과 경험들이 여러분의 인내를 기르는 데 도움이 되었습니까? 인내와 비전은 어떻게 연관되어 있습니까?

3

비전의 수립 Forming the
Vision

"하나님의 사람의 수종 드는 자가 일찌기 일어나서 나가 보니 군사와 말과 병거가 성을 에워 쌌는지라 그 사환이 엘리사에게 고하되 아아, 내 주여 우리가 어찌 하리이까 대답하되 두려워하지 말라 우리와 함께 한 자가 저와 함께 한 자보다 많으니라 하고"

| 열왕기하 6 : 15 ∼ 16 |

존 엘드리지는 저서인 《마음 *Wild at heart*》에서 하나님은 우리에게 모험을 주시기 위해 인간을 창조하셨다고 말했다. 실제로 진정한 성취감은 위험을 감수하고서라도 위대한 일을 이루고자 할 때 느낄 수 있다. 누군가 "작은 꿈은 사람의 마음에 불꽃을 일으킬 수 없다"고 말했다. 비전은 현재의 상태가 만족스럽지 못하다는 확신에서 비롯된다. 우리는 보다 큰 것을 원한다. 우리는 변화를 보길 원한다. 우리는 보다 나은 것을 갈망한다.

분명한 비전을 수립하는 과정은 하나님의 음성을 듣는 데서 시작된다. 우리는 그분의 사랑에 감동받아야 하고, 그분의 관점에서 우리 주변에 필요한 일들이 무엇인지 알아야 하고, 우리를 통해 자신의 비전을 이루어가시려는 그분의 뜻을 깨달아야 한다.

우리는 열왕기하 6장 8절부터 23절까지 나오는 엘리사의 이야기로부터 소중한 교훈을 얻을 수 있다. 이스라엘은 전쟁 중이었고, 적들은 엘리사를 체포할 목적으로 '강한 군대'를 보내왔다. 엘리사의 하인은 그날 아침 도단에서 밖으로 나와 적군의 말과 병거가 성을 에워싼 모습을 보고 두려움에 떨었다. 그러나 엘리사는 하나님의 관점에서 하인에게 "두려워하지 말라. 우리와 함께 한 자가 저와 함께 한 자보다 많으니라"고 말했다.

훌륭한 영적 지도자들은 하나님이 주신 통찰력을 통해 눈으로 볼 수 있는 물질세계를 넘어 눈에 보이지 않는 것을 볼 수 있는 능력을 가지고 있다. 그리고 가장 힘들고 겉으로 보기에 전혀 희망이 없는 상황에서도 하나님의 권능과 목적과 임재를 깨달을 수 있는 능력을 가지고 있다. 오스왈드 샌더스는 "자기 세대에서 가장 강력하고 오랫동안 영향력을 끼치는 사람들은 다른 사람들보다 멀리, 많이 보는 사람들이다. 그들은 믿음과 비전의 사람들이었다. 이것은 구약시대의 선지자들에게도 적용된다. 모든 시대의 가장 위대한 지도자 중 한 사람이었던 모세는

‘눈에 보이지 않는 분을 보면서 인내’ 하였다. 그의 믿음은 비전을 수반한 것이다. 엘리사의 하인은 성을 에워싼 많은 적들을 분명히 보았다. 그러나 엘리사는 “자기 하인에게는 눈에 보이지 않는 무적의 하늘의 천사들을 볼 수 있었다”라고 말했다.

비전의 세 가지 요소

하나님의 소명은 세 가지 요소로 구성되며, 이들은 함께 어우러져 우리의 비전을 이루고, 하나님은 그 비전을 통해 우리를 사용하신다. 그 세 가지 요소는, 하나님의 뜻에 대한 이해(Grasp : 우리 마음의 동기를 결정), 주변 사람들의 필요에 대한 이해(Grip : 우리의 봉사 방향을 결정), 하나님이 주신 재능에 대한 이해(Gift : 봉사의 성패를 결정)이다.

이 세 가지 요소는 선형적인 것이 아니다. 즉, 우리는 하나님의 마음을 이해하고, 그 다음에 누구를 섬길 것인가를 결정하고, 마지막으로 우리의 재능을 사용하는 것이 아니다. 그 대신 이 세 가지 요소들은 서로 연결되어 있어서 각각 서로 고양시킨다. 우리는 하나님이 우리를 사용하시는 것을 보면서, 그분의 은혜에 대한 이해가 깊어지고, 주변 사람들이 무엇을 필요로 하는지에 대해 더 잘 알게 된다. 아래 그림은 이 세 가지 요소의 연결관계를 잘 나타내고 있다.

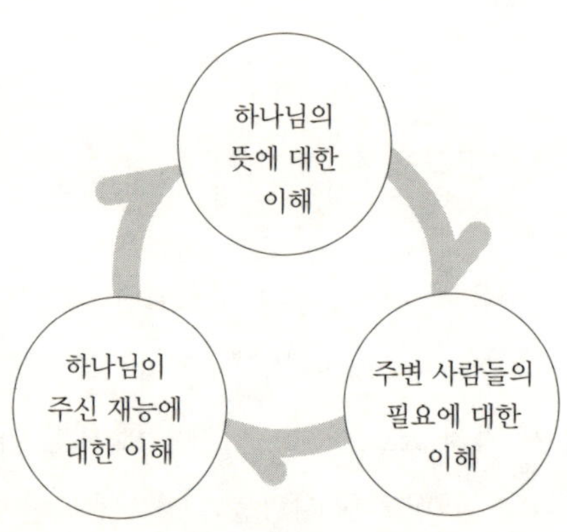

　우리들은 마음의 동기를 당연한 것으로 간주해서는 안 된다. 우리는 오만하고 이기적이며 게으른 본성을 가지고 있다. 우리가 얼마나 오랫동안 신앙생활을 했고, 성공적인 삶을 살았든지 간에 '내가 하나님께 신실한가? 그분의 부르심에 응답하고 있는가? 혹은 자신을 즐겁게 하고 있는 것이 아닌가?' 하는 질문을 자신에게 끊임없이 던져봐야 한다. 이러한 질문은 파괴적인 것이 아니며, 죄의식 때문에 하는 것이 아니며, 병적인 내면탐구도 아니다. 그것은 올바르고 합리적인 질문이다. 그것은 시편에 나오는 것처럼 다윗이 기도할 때 보여주었던 정직함과 같다.

하나님이여 나를 살피사 내 마음을 아시며
나를 시험하사 내 뜻을 아옵소서
내게 무슨 악한 행위가 있나 보시고
나를 영원한 길로 인도하소서
(시편 139 : 23~24)

앞의 두 장에 걸쳐 우리는 하나님의 뜻과 소명에 대해 설명했다. 우리 인생에 대한 그분의 소명은 전인격적이고 합리적인 것이다. 우리가 영적으로 더욱 성장하여 하나님의 뜻을 온전히 이해하게 될 때 우리는 그분을 더 기쁘게 하기를 원하게 된다. 우리는 그분을 섬기는 과정에서 성공과 실패를 경험하게 되는데 이는 마치 어린아이가 걸음마를 배우는 것과 같고, 어른이 새 기술을 배우는 것과 같다.

그러면서 우리는 점차 우리가 하는 봉사 중 어떤 면이 크게 성공하는 것을 보게 된다. 가령, 사람들을 주님께로 인도하는 일, 교회 행사를 기획하는 일, 성도들을 격려하는 일, 성도들이 다른 사람을 섬기는 데서 의미를 찾도록 도와준 일 등을 통해 성공을 맛본다. 우리는 이러한 성공을 통해 하나님이 우리들에게 예수 그리스도의 몸인 교회에서 특별한 역할을 통해 그분을 섬길 수 있는 영적 재능을 주셨다는 것을 깨닫게 된다(로마서 12장, 고린도전서 12장, 에베소서 4장, 베드로전서 4장을 보라).

우리는 이제 비전이 어떻게 형성되는지 세 번째 요소에 관해 살펴보자. 그것은 우리가 속한 지역사회 사람들이 필요로 하는 것을 아는 것이다.

변화의 필요성에 대한 절대적 염원

우리의 마음이 하나님의 마음과 조화를 이루어나가면서 우리는 점차 주변에 있는 사람들이 무엇을 필요로 하는지에 관심을 가지게 된다. 예전에는 자신의 목적을 이루는 데 너무 바쁘거나, 자신의 문제에 너무 신경을 쓰고 살았기 때문에 주변의 상처 입은 사람들에게 관심을 기울이지 못했다. 그러나 하나님의 사랑과 능력을 경험함에 따라 우리는 예전에 느끼지 못했던 안정감을 느끼고, 동기는 더욱 순수해지고, 애정 어린 눈을 통해 다른 사람들을 보게 된다.

다른 사람들이 겪고 있는 어려움에 대한 분명한 이해는 하나님이 우리 각자에 대한 자신의 비전을 이루어나가시는 데 중요한 요소를 차지하고 있다. 어떤 교회 지도자는 우리 모두가 자신이 속한 지역사회를 자세히 들여다보는 대신에 이러 이러할 것이라는 가정을 하는 경향이 있다고 슬퍼했다. 어떤 일을 일반화시킬 때 우리는 개별적인 필요를 보지 못하게 된다. 윌로우 크리크 교회의 빌 하이벨스 목사는 "맥도날드의 주인이 교회보다 그 지역사회를 더 잘 알고 있다는 것은 교회의 수치이다"라고 말했다. 맥도날드의 주인은 햄버거와 감자튀김을 조금이라도 더 팔기 위해 지역사회를 철저히 이해하려 한다. **하지만 우리 중에는 복음을 현재 우리의 문화에 맞게 전달하는 법을 배우려는 사람들이 많지 않다.**

우리 대부분은 또한 사역활동에서 지나치게 영적인 것을 추구해서 실제 현장에서 일하는 사람들이 적다. 우리는 하나님이 우리를 통해 일하신다고 말하고는 있지만 세대 간의 변화를 이해하고, 상공회의소로부터 나오는 보고서를 읽고, 사회변화 트랜드를 공부하는 일에는 소홀히 하고 있다. 하나님을 의지한다는 것은 단지 수동적으로 경건을 유지하는 것만을 의미하지 않는다. 바울은 수동적인 사람이 아니었다. 그는 자신이 섬길 사람들에 대해 진지하게 연구했다. 예수님도 또한 자기 청중들에게 맞는 메시지를 준비했다. 바리새인들에게는 자기 의와 은혜에 관해 말씀하셨다. 그리고 보통 사람들에게는 농사나 계절에 관한 예화로 말씀하셨고, 사회에서 소외된 사람들에게는 잃어버린 것을 찾는 이야기를 말씀하셨다. 우리는 목표로 하는 대상에 관해 열심히 공부해야 한다. 사업하는 사람들은 지역사회가 필요로 하는 것을 채워줌으로써 돈을 벌고 있다. 사역자들은 그들의 도움을 통해 지역사회에 대한 이해를 높일 수 있다.

우리는 신앙의 근본을 훼손하고 있는 관용의 시대에 살고 있다. 오십 년 전만 하더라도 부모는 자녀에게 자신과 다른 사람들에게 관대하라고 가르쳤다. 차이에 대한 관용은 그들에 대한 사랑을 보여주는 하나의 방법이었다. 그러나 오늘날, 그 단어는 매우 다르게 사용되고 있다. 그것은 오늘날 미국의 교육제도 내에서, 모든 신앙은 아무리 이상한 것이라 하더라도 똑같은 가치를 가지고 있다는 의미로 사용되고 있다. 젊은 세대는 다른 신앙이나 습관에 관대하라고 배우고 있다. 겉으로 보기에는 올바르고 그럴듯하다. 그러나 위와 같은 교육의 결과, 진정한 진리는 위협으로 간주되고, 선악의 기준을 가르치는 사람들은 지적·영적으로 혼란한 시대인 오늘날에는 최악의 비난이라고 할 수 있는 관대함이 없는 사람으로 치부되고 있다.

이와 같은 진리의 왜곡이 가져온 또 다른 결과는, 많은 사람들이 자신을 크리스천이라고 생각하면서도 그것이 의미하는 바가 무엇인지를 제대로 모르고 있다는 것이다. 조지 바나의 연구 결과에 따르면 **교회를 다니지 않는 성인의 67%, 대략 미국 인구 중 6천5백만에서 7천만에 이르는 사람들이 자신을 크리스천으로 부르고 있다는 것이다.** 그들 중 1/3 이상이 자신은 예수님과 개인적인 관계를 가지고 있다고 여기며, 약 40%가 신앙이 자신들에게 소중하다고 말하고 있다. 그러나 그들의 신앙의 근본은 매우 약하다. 바나는 다음 사실을 통해 그 사실을 알려주고 있다.

- 교회를 다니지 않는 사람 중 40%는 사탄이 살아 있는 존재가 아니며 단지 악의 상징이라고 믿고 있다.

- 교회를 다니지 않는 사람 중 64%가 마음이 착하면 천국에 들어갈 수 있다고 말하고 있다.

- 교회를 다니지 않는 사람 중 44%는 성경에서 말하고 있는 하나님이 아닌 다른 실체를 하나님으로 받아들이고 있다. 성경에서는 하나님을 우주의 창조주이시고, 완전하고, 전지전능하시고, 현재에도 피조세계를 다스리고 계신 분으로 기록하고 있다.

- 교회를 다니지 않는 사람 중 48%는 예수 그리스도가 세상에 살고 계실 때 죄를 지었다고 믿고 있다.

- 교회를 다니지 않는 사람 중 22%만이 성경은 그것이 가르치는 바가 정확하다고 믿고 있다.

결론은 분명하다. 크리스천이라고 주장하는 많은 사람들이 실제로는 교회가 전도해야 할 대상들이다. 그들은 세속화된 기독교에 물들어 있기 때문에 진리를 가지고 그들에게 접근하는 것은 더욱 어려운 일이다. 다행인 것은 우리 주변의 가게, 사무실, 농장, 공장 등에서 일하고 있는 사람들이 예수 그리스도에 대해 전반적으로 긍정적인 시각을 가지고 있다는 점이다. 그들에게는 사람을 변화시키는 그리스도의 능력과 은혜가 절대적으로 필요하다. 그러나 슬프게도 진리와 예수 그리스도의 관계에 대한 왜곡은 교회 문을 한 번도 밟아보지 못한 사람에게 국한된 것이 아니다. 바나는 교회신자들을 대상으로도 조사를 실시하였다. 조사 결과 성경에 대한 그들의 이해와 믿음대로 살려는 의지는 매우 낮았다. 이러한 통계자료는 바나가 작성한 〈미국 성도들의 상태에 관한 보고서 *Growing True Disciples*〉(워터브룩크, 2001)에 잘 나와 있다.

- 크리스천 성인에게 인생에서 가장 중요한 목표가 무엇이냐고 물었을 때, 한 사람도 예수 그리스도의 헌신된 종이 되겠다거나 예수의 제자들을 양육하겠다고 대답하지 않았다.

- 회심하여 크리스천이 된 다섯 명 중에서 자신들의 영적 성장에 관련된 어떤 구체적이고 측정 가능한 목표를 가지고 있는 사람은 한 명도 없었다.

- 하나님께 경배 드리는 것과 예수의 제자로서 자라나는 것 사이에 관계가 있다고 믿는 사람은 전체 신자의 1%도 되지 않았다.

- 성인과 십대 중에서 가장 널리 알려진 성경구절은 '하나님은 스스로 돕는 자를 돕는다' 였는데, 이 구절은 성경에 없는 것이며 실제로 복음의 근본 내용과 상치되는 것이다.

- 절대적, 도덕적 진리가 존재한다고 믿는 사람은 매우 소수였다.

- 자신의 행동기준으로 성경적 세계관을 가지고 있다고 말한 사람은 열 명 중에 한 명도 채 되지 않았다.

- 성경으로부터 뽑은 열세 개의 기본 가르침에 대해 성인의 1%만이 그 열세 가지를 성경적인 관점인 것으로 확고하게 받아들였다.

- 연구결과는 예배, 선교, 청지기의식, 지역봉사, 생활방식과 같은 기본적인 영적 태도에 큰 문제가 있는 것으로 나타났다.

바나의 조사결과는 대부분의 교회가 신도들이 영적으로 자라나는 데 제대로 도움을 주지 못하고 있다는 사실을 보여주고 있다. 그는 "자신들의 교회가 프로그램이 부족하다고 믿는 사람은 거의 없었지만, 대부분의 크리스천이 그리스도의 충성된 일꾼으로 자라는 데 필요한 것을 제대로 배우지 못하고 있다고 불평했다. 목사들을 대상으로 한 조사결과에 따르면 그들은 그러한 견해를 변명이나 적절하지 않는 것으로 무시했다. 그러나 분명한 것은 대부분의 크리스천이 개인적인 영적 발전을 이루지 못하고 있다는 점이다."

이러한 사실들에 대한 반응

이처럼 우리를 곤혹스럽게 만드는 보고서를 읽었을 때 어떤 생각이 드는가? 머리를 가로저으며 이 사실을 부인하고 예전의 방식을 고집할 것인가? 혹은 적들의 속임수와 삶의 공허함으로 상심한 마음을 가질 것인가? 예수님은 이 땅에서의 마지막 주간 동안 예루살렘으로 가시는 길에 예루살렘 주변을 둘러보았다. 한때 그를 따랐으나 나중에는 그를 십자가에 못 박도록 주장했던 그들의 곤궁함에 마음이 아프셨다. 그는 "예루살렘아 예루살렘아 선지자들을 죽이고 네게 파송된 자들을 돌로 치는 자여 암탉이 그 새끼를 날개 아래 모음 같이 내가 네 자녀를 모으려 한 일이 몇 번이냐 그러나 너희가 원치 아니하였도다"(마태 23 : 37) 라고 외치셨다.   여러분은 이 말씀에서 그분의 고통을 들을 수 있는가? 그가 은혜로 다가서기를 원했던 사람들은 자신에게 우호적인 사람들뿐만 아니라 이기적이고 잔인하고 사악한 사람들도 포함되어 있었으며 주님은 그들 때문에 우셨다.

우리들 중에는 다른 사람들의 안타까운 형편 때문에 가슴 아파한 적이 별로 없는 사람들이 있다. 우리는 TV를 통해 너무 많은 범죄와 폭력 장면을 보고, 마음이 덤덤해져서 그런 일과 무관한 것처럼 생각하게 되었다. 우리는 다른 사람들의 어려운 처지에 대해 더 이상 가슴 아파하지 않게 되었다. 우리는 상처 입은 사람들 곁에 있거나 그들을 위로해주기는 했지만 그들이 가지고 있는 절망의 깊은 곳까지 접근하지 못했다.

우리들 중 어느 누구도 심지어 가장 사랑이 풍성한 사람이라도 매일 그리고 온종일 어려움에 빠진 사람들과 깊은 관계를 유지하기 어렵다고 생각한다. 예수님은 사랑하는 제자들과 해변 혹은 산중에서 잠시 휴식을 취하기 위해 군중들로부터 떨어져 지냈었다. 그곳에서 자신들의 경험을 돌아보고, 목적의식을 재충전하고, 하나님과 다른 사람들을 위한 자신들의 마음을 새롭게 하였다. 여러분과 내가 영적으로 깨어 있고, 진짜 사랑을 가지고 있다면 영적 능력을 새롭게 할 시간이 필요하다. 우리가 영적으로 무감각할 때 우리가 사랑하고 섬겨야 하는 사람들이 치러야 할 대가는 너무 크다.

우리는 종종 한창 잘나갈 때 하나님의 계시를 찾지만 하나님은 우리에게 분명한 비전을 주시기 위해서 절망의 구렁텅이를 사용하시기도 한다. 앞서 설명한 수련회 동안에 눈 속을 걸으면

서 자신에게 질문을 던지던 때가 바로 내게 있어서 한창 잘 나
갈 때였다. 나는 하나님에게 결사적으로 매달려 자신의 뜻과
나아갈 방향을 알려달라고 부르짖었다. 그러면서 그분이 마음
에 분명히 이야기할 때에는 "아닙니다"라고 말하면서 나의 절
망에 죄의식을 보태었다. 그러나 그것은 오래가지 않았다. 궁
극적으로 나의 간절함은 분명한 방향으로 전환되고 죄의식은
감사함과 자유함으로 변화되었다. 그 모든 것이 깊은 계곡에서
비롯되었다.

　이사야 선지자는 이스라엘 백성들에게 절망의 메시지를 전
달할 책임을 부여받았다. 이사야서 1장부터 39장까지에 나오는
예언들은 파괴와 절망을 언급하고 있는데, 이는 이사야 선지자
의 영혼을 산산조각 내는 것과 같았다. 하나님이 이사야 선지자
에게 예루살렘 성이 붕괴되고 유대인들이 포로로 잡혀갈 것이
라는 것을 보여주었을 때 그는 상심했고 도망가서 숨고 싶었다.
그는 다음과 같이 그 심정을 기록하고 있다.

이러므로 내가 말하노니 돌이켜 나를 보지 말지어다 나는 슬피 통곡하
겠노라 내 딸 백성이 패멸하였음을 인하여 나를 위로하려고 힘쓰지 말
지니라 이상의 골짜기에 주 만군의 여호와께로서 이르는 분요와 밟힘과
혼란의 날이여 성벽의 무너뜨림과 산악에 사무치는 부르짖는 소리로다

(이사야 22 : 4∼5)

우리가 이웃의 불쌍한 삶을 보고 마음의 아픔을 느끼는 장소, 즉 '비전의 계곡'이라고 부를 수 있는 그곳에서 우리의 비전은 분명해진다. 그러나 오해하지 말아야 할 것은 우리들의 태도가 마치 인구조사를 하는 것처럼 다른 사람의 상처를 아무 사랑의 감정 없이 접근하는 것은 아니다. 우리가 해야 할 일은 예수 그리스도의 눈을 통해 다른 사람의 상처를 보는 것이다. 다른 사람의 이혼, 고통, 죽음, 질병, 공허한 삶을 볼 때 우리는 주님의 마음으로 그들을 이해해야 한다. 우리가 하나님의 마음에 더 가까이 갈수록 다른 사람들의 아픔을 볼 때 우리의 가슴은 더욱 저미어 온다. 다행인 것은 이사야서에 나오는 불행이 39장에서 슬픔으로 끝나는 것이 아니라는 점이다. 이사야서의 나머지 부분은 사람들을 죄에서 구원하시고, 희망과 치유를 가져다주시는 성령과 하나님의 아들에 관한 이야기를 다루고 있다. **우리는 사람들의 절망적인 상처와 함께 이를 변화시키시는 하나님의 놀라운 능력을 양 손에 함께 지니고 있다. 이 두 가지는 분명하고, 거룩하고, 사랑이 풍성한 비전을 이루는 데 없어서는 안 될 중요한 부분이다. 그것을 통해 우리와 다른 사람의 삶이 변화되는 것이다.**

오늘날 지구상의 교회는 과거와 똑같은 방법으로 또 다른 10년을 보낼 수 있지만 그때까지 계속 잘못된 길로 가게 됨으로써 상당히 큰 대가를 치러야 할 것이다. 그때가 되면 교회는 거의 힘을 상실하여 우리가 속한 사회의 문화나 개인에 대해 중요한 영향을 미치지 못하게 될 것이다. 최근 영국을 여행했던 사람들은 그 나라의 영적 황폐함을 보고 예전에 요한 웨슬리와 찰스 스펄전을 통해 영국 전역을 향해 퍼져나가던 예수를 향한 열정이 어디로 사라졌는지 의아해한다. 오늘날 미국은 아직 활기찬 목회가 이루어지고 있는 1870년 무렵의 영국과 같다. 그러나 교회는 갈수록 다른 길로 감으로써 그 목소리를 잃어가고 있다. 우리가 바른 길로 변화하지 않으면 영국과 같은 길로 빠져들 것이고, 하나님과 선을 위한 강력한 도구가 되는 대신에 역사의 일부분으로 전락하고 말 것이다.

미국은 매주 72개의 교회가 문을 닫고, 24개의 교회가 새로 문을 열고 있다. 결국 일주일에 48개의 교회가 문을 닫고 있는 셈이다. 우리가 잘못된 길로 가면 대부분의 교회에서 예수님에 대한 열정 대신 교회의 전통만을 소중히 여기는 사람들만 남아 있게 될 것이다. 이처럼 변화하는 환경 속에서 우리가 올바른 길에 머물기 위해서는 교회 리더들이 자신들을 위해서가 아니라면 후손들을 위해서라도 위험을 감수하고 필요한 변화를 시도해야 할 것이다. 후손들의 영적인 삶은 오늘 우리들의 행동에 의해 영향을 받는다. 우리는 그와 같은 하나님의 소명에 응답할 사역자들과 크리스천 기업가들이 필요하다.

문제는 많은 교회 지도자들이 현 상태에 머무는 것에 마음이 사로잡혀 있다는 것이다. 그들은 자신이 속한 지역사회, 교회, 가족, 개인적인 문제들로 인해 분주하다. 미래 세대를 위해 신속한 변화가 필요하다는 생각은 그들이 해야 할 일의 우선순위 목록 가장 끝에나 기록이 되어 있다. 그러나 그러한 변화는 꼭 필요한 것이다. 우리는 그리스도가 진정 사람들의 삶을 변화시킬 수가 있다고 믿는 때 묻지 않은 신앙이 필요하다. 그러면 하나님은 이런 믿는 자들을 사용하셔서서 폭력, 약물중독, 상실감으로 고통 받고 있는 사람들의 삶을 변화시키시고, 희망을 잃어버린 사람들에게 삶의 의미를 심어주실 것이다.

우리가 머리를 파묻고 있는 한, 타성에 젖어 일을 하고 있는 한 이러한 적극적인 변화는 결코 일어나지 않을 것이다. 이러한 변화는 우리가 주변에 있는 사람들의 어려운 처지에 눈을 돌리고, 자비로운 하나님이 상처 입은 가슴과 무너진 관계를 고치기 위해 우리를 사용하실 때 일어날 수 있는 것이다. 살아 있는 크리스천은 말로만 아니라 사람들에게 사랑과 봉사와 희생을 실천함으로써 크리스천의 삶이 어떤 것인지 보여준다. 예수님은 제자들에게 무엇을 하라고 말씀만하신 것이 아니라 그들에게 여러 차례 몸소 보여주셨다. 문제는 제자들이 배우는 데 게을렀다는 점이다. 다행히 그들은 한 명을 제외하고 제대로 배우게 되었다. 그리고 그들이 세계를 변화시켰다는 것이다.

얼마 전 우리 교회는 예배에 참석하는 사람들에게 나누어줄 열쇠고리를 만들었다. 그 고리에는 **'우리의 일은 사람들을 변화시키는 것입니다'** 라고 새겨져 있다. 사람들의 어려운 처지에 관해 구체적으로 접근하지 못하고, 일반화하여 접근하는 교회는 의도한 목표를 달성할 수도 있지만 때때로 목표에 어긋날 수도 있다. 그러한 태도는 교회가 지역사회와 문화에 큰 영향력을 행사하던 때는 적합했을지 몰라도 오늘날에는 적합하지 않다. 우리는 현 시대의 문화와 지역사회를 제대로 이해해야 하고, 교회의 기도제목과 프로그램이 하나님이 우리에게 맡겨준 사람들의 필요를 채워줄 수 있어야 한다. 사람들의 어려운 처지를 제대로 이해함으로써 우리는 나아갈 방향을 알게 되고, 하나님의 마음을 깨달음으로써 열정을 가질 수 있다. 또, 하나님이 우리에게 주신 재능을 깨달음으로써 우리의 사역이 제대로 효과를 내게 되며, 지역사회에 봉사함으로써 사람들이 변화하는 풍성한 결과가 일어나게 된다.

몇 가지 사례

성경과 교회 역사 그리고 우리 자신의 경험들을 통해 어려움에 처한 사람들을 도와줌으로써 하나님을 섬기는 소명을 감당했던 훌륭한 본보기를 찾아볼 수 있다. 예수님은 여러 가지 방법들을 통해 제자들에게 하나님은 불쌍한 사람들을 도와주기를 원하신다고 가르쳐주셨다. 그들은 때때로 잘못 이해하기도 했지만 예수님은 하나님의 뜻을 행동으로 보여주시는 것을 결코 멈추지 않으셨다.

어느 날 제자들이 맥도널드(혹은 예수님 당시 이에 해당하는 곳)에서 점심을 사가지고 돌아와보니 예수께서 한 사마리아의 간음한 여자와 이야기하고 계셨다. 그들은 예수님이 도대체 무엇을 하고 계시는지 의아해 했다. 언제나 그랬듯이 그분은 그 기회를 하나님의 은혜와 불쌍한 사람을 돕는 것에 관해 그들을 가르칠 기회로 사용하셨다. 그들이 주님에게 배가 고프신가 물어봤을 때 그분은 제자들에게 "나는 너희들이 모르는 먹을 음식이 있다"고 말씀하셨다. 그들은 아마 예수께서 호주머니에 사탕이라도 가지고 계시는가 생각했지만 그분은 "내 음식은 나를 보내신 분의 뜻을 행하는 것이고 그분의 일을 완성하는 것이다"라고 말했다. 그분은 계속해서 "너희들은 넉 달 후면 수확철이라고 하지 않았느냐? 너희들에게 말하노니 눈을 열고 들판을 보라! 추수할 때가 되었다"(요한 4 : 35)라고 말씀하셨다. 물론 그분이 말씀하시고 계시는 추수는 사마리아 여인과 그녀의 가족과 친구 등 사람에 관한 것이었다. 제자들은 그와 같은 삶에 대해 우려했지만 예수님은 사마리아 여인과 같이 불쌍한 사람들

은 추수의 대상임을 가르치고 보여주셨다. 열두 제자들은 하나
님이 하시는 것을 눈으로 지켜볼 수 있었다.

　　사울이 이스라엘의 왕이었을 때 팔레스타인인들이 쳐들어왔
다. 그 당시 사울의 군대는 작고 약했지만 그의 아들 요나단은
사자처럼 용감했다. 국가가 그를 절대적으로 필요로 했을 때 그
는 행동에 나섰다. 요나단은 자신의 갑옷을 지키는 사람으로부
터 갑옷을 받아 입고, 적군을 향해 나아가면서 주변 부하들에게
말했다. "가자, 저 할례 받지 않은 자들의 진지로 쳐들어가자.
주님께서 우리를 위해 싸우실 것이다. 어떤 것도 주님이 많든 적
든 우리를 지켜주실 것을 막을 수 없다."(삼상 14 : 6) 나는 요나
단의 이와 같은 태도를 좋아한다. 요나단은 무슨 일이 일어날지
몰랐다. 그는 갑옷 지키는 자에게 "주님께서 싸우실 것이다"라
고 말했다. 하나님이 기적을 행하시면 이스라엘 군대와 나라는
승리하겠지만, 그렇지 못하다면 패배할 수밖에 없는 상황이었
다. 요나단은 그런 상황에서 자기의 목숨을 걸고 행동했다. 하나
님은 그의 믿음과 용기에 대해 믿을 수 없는 승리로 보응하셨다.
　　존 녹스는 스코틀랜드의 목사로서 그 당시 사람들의 영적 무
지를 보았다. 그는 그들을 불쌍히 여기는 마음을 가지고 있었다.
하나님에 대한 그의 강렬한 사랑과 자기 동포들에게 복음을 전
하는 데 자신을 사용해주기를 바라는 간절한 갈망이 그의 열정

적인 기도에 영원히 남아 있다. "저에게 스코틀랜드를 주시든지 아니면 죽음을 주십시오."

　수십 만 명의 사람이 짐 엘리어트의 삶에 의해 변화되었다. 그의 어린 아내 엘리자베스는 짐이 보여준 섬김의 기쁨에 관해 글을 썼고, 다른 모든 것보다 그리스도를 영화롭게 하려는 그의 단호한 마음을 그녀의 책《전능자의 그늘 *Shadow of the Almighty*》에 남겼다. 그는 그리스도를 향한 열정으로 세 명의 다른 젊은 이들과 함께 에콰도르의 아우카족 인디언들에게 복음을 전하러 갔다. 그들의 손에 그가 죽은 것을 두고 당시 많은 사람들은 '개죽음'이라고 생각했다. 그러나 그들 네 명의 선교사들이 죽은 지 몇 년의 세월이 지난 후 짐 엘리어트 일행을 본받은 많은 남녀들이 선교사로 헌신했다. 수천 명의 젊은이들이 주님을 알지 못하는 불쌍한 사람들을 돕고, 땅 끝까지 복음을 증거하라는 주님의 부르심에 순응하기 위해 선교사로 나섰다.

　짐 엘리어트처럼 잘 알려진 것은 아니지만 하나님의 사랑과 사람들의 불쌍한 처지에 마음이 붙들린 수많은 사람들이 눈물과 기쁨 속에서 하나님을 섬겼다. 그들은 사람들의 불쌍한 처지에 마음 아파하고, 하나님의 마음에 대한 깊은 이해를 바탕으로 다른 사람들을 기쁨으로 섬겼다. 하나님은 그들에게 맡겨주신 재능과 능력과 자원에 따라 그들을 사용하신다.

두 가지 특별한 필요의 장소

하나님은 지난 수년 간 카손 밸리 크리스천 센터를 지역사회의 도움이 필요한 사람들을 돕기 위해 두 가지 사역에 초점을 맞추도록 인도하셨다. 그것은 운동과 회복사역이었다. 미국의 다른 많은 지역처럼 이 지역도 운동에는 거의 열광적이다. 사람들은 성경 메시지를 들으려고 오는 데는 큰 관심이 없어도 자신이나 아이들이 운동에 참가하는 프로그램에는 매우 흥미를 가지고 있었다.

예를 들어 우리 교회의 한 교인인 케빈 살러는 가라데 3단이다. 그는 자기 재능을 예수님을 위해 사람들에게 사용하기를 원했다. 그래서 몇 년 전에 교회가 가라데 교실을 후원해줄 수 있는지 물어왔다. 우리는 20~30명 정도의 사람들이 참석할 것으로 기대했었다. 그러나 놀랍게도 200명 이상의 사람들이 참석하였다. 케빈은 자신이 가진 재능을 사용해서 무도에 관한 자신의 능력과 함께 주님의 복음을 나누어 주었다. 그는 사람들의 반응에 매우 고무되었고, 교회는 그의 창의성과 헌신적인 노력 때문에 크게 자라났다.

십 년 전에는 약물, 폭력, 알코올, 이혼 등으로 마음이 황폐해진 사람이 많지 않았으나 오늘날에는 이러한 문제가 너무 보편화되어 있어서 대부분의 사람들이 영향을 받고 있다. 약물중독자나 나쁜 짓하는 사람들은 은혜와 진리를 경험할 수 있는 안전하고 강력한 환경을 통하여 자신의 삶을 새롭게 정립할 수 있다. 그리고 그들로부터 희생당한 사람과 그들의 가족들도 도움을 필요로 한다.

교회는 이런 일들에 대해 말만 하는 데 머물거나 이와는 상관없는 다른 엉뚱한 일을 하는 데 시간을 사용하고 있다. 어떤 교회 리더들은 자신들이 가고 있던 길과는 다른 길로 들어설까 두려워서 도움이 필요한 사람들을 돕기 시작하는 것을 주저한다. 그러나 도움을 필요로 하는 사람은 실제로 주변에 있다. 교회 리더들은 이러한 사람들을 돕는 데 필요한 건전하고 성경적인 근거를 찾아서, 이에 근거해서 하나님을 진정으로 사랑하고 사람들을 그분께로 인도하여 용서와 진리와 치유에 이르게 하는 다른 리더들을 가르칠 필요가 있다. 우리는 이러한 그룹들이 복음의 메시지를 도움이 필요한 사람들에게 나누어주는 가장 효과적인 역할을 하고 있음을 깨닫게 되었다. 실제로 어떤 교회는 이런 사람들을 돕는 사역이 교회 내 다른 어떤 사역보다도 많은 사람들을 그리스도에게로 인도하고 있다고 보고한다.

우리는 교회에서 옛날방식으로 계속 일하면서 새로운 일을 하는 데 따른 위험을 피할 수 있다. 또, 점진적인 변화에 만족해

하거나 혹은 하나님께 그분의 마음과 어려운 처지에 있는 사람들의 필요, 주님이 우리들에게 주신 영적 재능이 합류되는 일에 눈을 열게 해주셔서 우리가 주님과 그의 나라를 향해 열정을 가지고, 효과적으로 헌신할 수 있도록 기도할 수 있다.

애플 컴퓨터의 설립자인 스티브 잡스는 한때 "여러분은 남은 인생을 설탕물을 팔면서 보내기를 원합니까? 혹은 세상을 바꾸기를 원합니까?" 하고 물었다. 그는 컴퓨터가 세상을 바꿀 것이라고 말했고, 정말로 컴퓨터는 세상을 바꾸었다. 잡스나 빌 게이츠는 사람들이 필요로 하는 것이 무엇인지 알았고, 그러한 필요를 충족시켜줄 시스템과 프로그램과 제품을 만들어 냈다. 그들은 자신이 만든 제품을 사람들이 사용하여 주기만을 기다리지 않고, 끊임없이 자사의 제품을 사용자의 필요에 따라 변화시켜나갔다.

크리스천 리더들은 책상 위에 놓이게 될 멋진 컴퓨터를 위해서가 아니라 예수 그리스도를 위해 그들처럼 한 가지 일에 집중해서 그 일을 위해 혼신의 노력을 기울여야 한다. 우리는 세상이 지금까지 알아온 가장 혁명적인 메시지를 가지고 있다. 우리가 복음의 메시지를 변질시켜서는 결코 안 되지만 그 메시지를 사람들에게 전달하는 방법은 늘 새롭게 할 필요가 있다. 그래서 우리는 어떻게 해서라도 사람들을 권해야 한다. **최고경영자 목사**

(PastorPreneurs)는 기업가의 전략적 사고 토대 위에서 주님의 복음을 훼손하지 않고서 사람들에게 복음을 증거하도록 교회를 이끌어나가야 한다. 크리스천 기업가는 목사와 교회 리더들을 도와 세상을 바꾸어나가는 데 함께 할 것이다.

다른 사람들을 돕는 일은 여러 사람이 힘을 모아서 해야 한다. 예수님은 모든 권능과 권위를 가지고 있었지만 혼자 목회를 하신 것이 아니었다. 그는 열두 명의 사도를 부르시고 그들이 자기를 따라 하도록 가르치고 그의 인격을 닮도록 훈련시키셨다. 갈라디아 교회에 보내는 편지에서 바울은 "너희가 짐을 서로 지라 그리하여 그리스도의 법을 성취하라… 각각 자기의 짐을 질 것임이니라"(갈라디아서 6 : 2~5)라고 말하고 있다. 바울이 언급한 짐은 여러 장이 쌓인 벽돌과 같은 짐이다. 어떤 사람도 혼자서는 그것을 다룰 수 없다. 여기서 자기의 '짐'이라고 번역된 단어는 등에 메는 가방 정도의 짐을 언급한다. 그것은 우리 모두가 매일 어깨에 져야 하는 정상적인 수준의 관심과 책임을 나타낸다.

때때로 우리는 상실과 여러 문제 때문에 가슴이 눌리는 아픔들로 압도될 때도 있다. 그때 우리가 감당해야 하는 무거운 짐은 다른 사람들의 도움과 협력으로 경감될 수 있다. 그러면 우리가 치료받고 배우고 자라남에 따라 우리는 관심을 돌려 다른 사람들을 도울 수 있다. 우리는 사람들이 자신이 감당할 수 없는 짐으로 고생하는 것에 대해 결코 비난할 수 없다. 그러나 우리는 그에게 여러 사람들과 공동으로 그 일을 하라고 권할 수 있다. 그렇게 할 때 사람들의 치유와 희망을 경험할 수 있다.

지역사회는 하나님이 가장 많이, 가장 깊이 사람들의 아픈 곳을 어루만져주시는 장소다. 크리스천 리더가 지역사회에 관여하는 데 주저한다면, 결국 그는 큰 곤란을 겪게 될 성격상의 문제를 가지고 있는 것이다. 혼자 모든 일을 하려고 하는 사람은 자만이나 우울증에 걸리기 쉽다. 우리 모두가 뛰어난 리더라 하더라도 신자들의 사랑 안에서 발견할 수 있는 정직, 친절, 협조가 필요하다.

하나님의 마음으로의 회귀

마태복음 25장에 나오는 예수님의 예화는 우리들에게 하나님의 마음, 어려운 처지에 놓인 사람들을 도우려는 우리의 결심 간에 순환적 관계가 있음을 보여주고 있다.

그때에 임금이 그 오른편에 있는 자들에게 이르시되 내 아버지께 복 받을 자들이여 나아와 창세로부터 너희를 위하여 예비된 나라를 상속하라 내가 주릴 때에 너희가 먹을 것을 주었고 목마를 때에 마시게 하였고 나그네 되었을 때에 영접하였고 벗었을 때에 옷을 입혔고 병들었을 때에 돌아보았고 옥에 갇혔을 때에 와서 보았느니라 이에 의인들이 대답하여 가로되 주여 우리가 어느 때에 주의 주리신 것을 보고 공궤하였으며 목마르신 것을 보고 마시게 하였나이까 어느 때에 나그네 되신 것을 보고 영접하였으며 벗으신 것을 보고 옷 입혔나이까 어느 때에 병드신 것이나 옥에 갇히신 것을 보고 가서 뵈었나이까 하리니 임금이 대답하여 가라사대 내가 진실로 너희에게 이르노니 너희가 여기 내 형제 중에 지극히 작은 자 하나에게 한 것이 곧 내게 한 것이니라 하시고

(마태복음 25장 34절~40절)

우리들이 하나님의 마음과 그의 위대하심과 은혜를 경험할 때 우리 안에서 다른 사람을 도우려는 마음이 생겨난다. 그럴 때 우리의 작은 봉사라도 하나님으로부터 인정을 받게 될 것이다. **예수님께서 우리가 다른 사람들을 섬길 때 우리에게 미소 짓고 계신다는 것을 깨닫게 될 때, 우리는 하나님의 우리를 향하신 깊은 사랑에 의해 감동을 받게 된다.** 하나님을 섬기는 것은 말할 수 없는 특권이며 다른 사람을 향한 우리의 모든 봉사는 하나님과 우리 사이의 사랑을 더욱 강하게 만든다.

주님, 저에게 꿈을 주십시오

캐서린 마샬은 분명한 삶의 목적을 가진 여성이었다. 그녀와 남편 피터는 미국의 최고 정치 지도자들을 대상으로 한 강연, 글, 사역을 통해 수백 만 명의 사람들에게 심오한 영향을 미쳤다. 그러나 캐서린은 우리 모두처럼 의심과 좌절의 시간을 겪어야 했다. 그녀의 비전은 구름이 가린 듯 잘 보이지 않았고, 그녀의 목적은 안개가 낀 듯 흐릿했다. 그녀는 그와 같은 감정적, 영적 혼란에 1분이라도 더 머물기를 원하지 않았다. 그녀는 간절히 다음과 같이 기도했다.

아버지여!

한때 저는 매우 큰 꿈을 꾸고, 미래에 대해 큰 기대를 가졌었는데

지금은 저 멀리 수평선 너머에 빛도 한 점 보이지 않고,

일상의 생기도 사라졌습니다.

하루하루 무의미한 일들의 연속입니다.

내 인생을 향한 아버지의 계획은 어디에 있습니까?

아버지께서는 비전이 없으면

인간은 망할 수밖에 없다고 말씀하셨습니다.

아버지께서는 제가 저를 향한 아버지의 뜻이 무엇인지

확신을 가지고 물어볼 수 있다는 것을 아시기에,

저를 향한 아버지의 특별한 비전과 꿈을
저의 마음과 가슴에 심어달라고 기도 드립니다.

그 꿈과 함께 그 꿈이 실현될 때까지 필요한
은혜와 인내와 힘을 함께 주실 수 없나요?

저는 그 꿈이 지금까지 한번도 경험해보지 못한
새로운 모험이 되리라는 것을 느낄 수 있습니다.

저는 아버지께서 새로운 길로 이끌어가실 때
순종하며 따라갈 만큼 아버지를 신뢰하기를 원합니다.

저는 현재의 자리에 머물기를 좋아합니다.
그러나 저의 편안한 둥지 같아 보이는 삶의 습관들이
아버지께서 보실 때는 감옥과 같은 것임을 고백합니다.
주님,
제가 별을 보고, 그 비전을 잡기 전에
저에게 있는 어떤 감옥이라도 깨뜨릴 필요가 있으시다면
지금 그 일을 시작하여 주소서.

제가 기쁘게 그 일을 기다리겠습니다.

아멘.

캐서린 마샬의 기도가 여러분의 마음을 울리는가? 우리들 중에는 자신의 비전을 다른 사람들의 비난과 매일 받는 스트레스로 조금씩 잃어버리는 사람들이 있다. 또 다른 사람들은 실패로 인해 비전이 완전히 산산조각 나버리기도 한다. 그러나 어떤 이에게는 여전히 꿈은 존재하고 있으며, 열정과 목표에 새롭게 불을 지피기 위해서는 새로운 자극이 필요하다. **하나님과 사람에 대한 사랑의 불꽃을 다시 피운다면 우리는 하나님을 기쁘시게 하고 사람들을 돕고 좋은 리더를 키우기 위해 무슨 일을 하든지 그 안에서 기쁨을 누릴 수 있다.**

교회의 변화는 필요하다. 그러기 위해서는 현재 우리의 모습에서 무엇이 문제인지, 그리고 앞으로 어떻게 변해야 하는지에 대해 마음으로 깊이 느낄 수 있어야 한다. 개인과 조직의 변화는 사람들을 향한 하나님의 사랑에 대해 제대로 이해하는 데서 시작한다. 그리고 그것은 마치 유콘 광부들이 황금을 얻기 위해 가졌던 투지, 인내, 희망 등을 우리가 가질 때 발전해간다. 우리의 상급은 유콘 광부들이 원했던 황금보다 훨씬 크고, 고상한 것이다. 사람들이 영원한 생명을 얻을 수 있도록 그들을 변화시키는 일에 예수님께서 우리들을 사용하시고, 그 일을 통해 그분이 영광 받으신다는 사실은 우리가 위험을 감수할 만한 충분한 이유가 된다.

Question

1. 0에서 10까지의 척도를 가지고 하나님의 소명이 가지는 세 가지 측면에 대해 평점을 매기고 그 이유를 설명해보세요.

   하나님의 마음을 경험

   주변의 어려운 처지에 놓인 사람들에 대한 이해

   자신의 재능과 능력을 사용하거나 파악하는 일

2. 이 장에 나오는 교회를 다니지 않는 사람들과 현대 교회 성도들의 생각에 관한 보고서를 다시 한번 읽어보세요. 그것들을 다시 읽었을 때 느낌이 어떻습니까? 교회를 다니지 않는 사람들과 교회를 다니지만 제대로 훈련이 되어 있지 않은 사람들을 위해 무엇인가 해야겠다는 생각이 듭니까? 무엇을 해야 된다고 생각하십니까?

3. 여러분은 오늘날 많은 교회 리더들이 왜 예수님처럼 어려운 처지
   에 있는 사람을 보면 눈물을 흘리시며 슬퍼하거나, 그들이 믿음
   으로 반응할 때 기뻐하셨던 것처럼 슬퍼하거나 기뻐하지 않는다
   고 생각하십니까?

4. 하나님의 마음을 깨닫고, 어려운 처지에 있는 다른 사람들을 이
   해하는 것이 왜 중요한지 이야기해보십시오.

5. 여러분이 속한 지역사회에서 사람들이 필요로 하는 일이 무엇이며, 그곳에 관한 정보를 얻을 수 있는 방법은 어떤 것이 있습니까?

6. 캐서린 마샬의 기도를 다시 읽어보세요. 그 기도가 지금 당신의 마음 상태를 잘 반영하고 있습니까? 그렇다면 잠시 시간을 내서 여러분 자신의 기도를 드려보세요.

7. 하나님이 당신의 기도를 들으셨을 때 당신의 사역지에 어떤 일이 일어날까요?

비전의 구체화 Clarifying the Vision

"예수께서 나아와 일러 가라사대 하늘과 땅의 모든 권세를 내게 주셨으니 그러므로 너희는 가서 모든 족속으로 제자를 삼아 아버지와 아들과 성령의 이름으로 세례를 주고 내가 너희에게 분부한 모든 것을 가르쳐 지키게 하라 볼찌어다 내가 세상 끝날까지 너희와 항상 함께 있으리라 하시니라"　| 마태복음 28 : 18~20 |

둘 중 하나를 택하는 것이 아니다

크리스천 리더들 중에는 이미 크리스천이 된 교인들을 잘 양육하는 사람들이 있다. 그들은 교인들에게 깊은 관심을 보여주고 그들이 잘 자라도록 모든 힘을 쏟는다. 또 어떤 리더는 불신자들에게 복음을 전하는 데 힘을 쏟는다. 그들은 영원의 관점에서 현실을 보고 사람들에게 복음을 전하기 위해 여러 가지 노력을 쏟는다. 크리스천 리더들은 종종 제자 양육과 복음 선포 중에서 어느 하나를 선택해야 한다고 생각할 때가 많은데, 하나님은 우리들이 이 두 가지를 다 감당하기를 원하신다. 예수님이 크리스천들에게 주신 대사명(Great Commission)은 교회와 성도의 사명선언문과 같다. 그것은 그리스도가 우리의 힘과 권능의 근원이라는 것에서부터 시작되어 그분이 우리 곁에 항상 있겠다는 약속으로 끝난다. 그 둘 사이에 가서(go), 제자를 삼고(make disciples), 세례를 주고(baptize), 가르치는(teach) 일이 들어 있다.

예수의 열 한 제자가 예수님이 승천하시던 언덕 위에 서서 위의 계명을 처음 들었을 때 그들은 예수님께서 하나님 아버지를 깊이 신뢰하고, 아버지의 뜻을 철저히 순종하고, 아버지의 길을 따르면서 인내의 삶을 살아오신 것을 알았다. 이제 그는 그 바통을 그들에게 넘겨주신 것이다. 그들의 사명은 단순히 복음을 선포하는 것만이 아니라 이미 크리스천이 된 사람들이 믿음 안에서 자라나서 그들이 이 세상의 빛의 자녀가 되도록 도와주는 것도 포함된다. 그리고 오순절 후 며칠이 지나서 수천 명이 하루 만에 크리스천이 되었을 때에도 그들은 새로운 신자들을 양육하느라 복음을 선포하는 것을 중단하지 않았다.

초대교회 지도자들은 복음 선포와 제자 양육의 두 가지 사명을 받았다. 둘 중 하나가 아닌 두 가지 다 받은 것이다. 이 두 가지 사역은 서로 절묘한 균형과 보완관계에 있다. 그러나 우리의 개성과 경험은 둘 중 어느 한 쪽으로 끌어가려고 할 것이다. 우리들 중에 어떤 사람은 전도에 보다 재능이 있고 마음이 편안함을 느끼는 반면, 또 다른 사람들은 제자 양육에 큰 성공을 거두기도 한다.

릭 워렌 목사의 열 가지 리스트

앞서 하나님이 릭 워렌 목사의 책《목적이 이끄는 삶》을 사용하여 현실에 안주하려 했던 나를 그곳에서 나오게 만드셨다고 말한 바 있다. 릭 워렌 목사는 개인과 조직의 비전을 구체화하는 열 가지 선언문을 작성했다. 이 선언문은 복음 전도와 제자 양육의 두 가지 면을 훌륭하게 혼합한 것이다. 그는 그것을 자신의 '가장 중요한 열 가지 리스트' 라고 불렀다.

- **10위** 교회는 그 교회가 가지고 있는 다른 사람의 어려움을 해결해주는 능력만큼 밖에 자라날 수 없다.

- **9위** '우리 교회에서 가장 중요한 일은 무엇이며, 어떻게 그 일을 달성할 수 있을까?' 라는 질문을 통해 자신의 교회를 평가해보라.

- **8위** 교회를 다니지 않는 사람들은 사람들의 변화된 삶을 보고 교회에 관심을 가지게 된다.

- **7위** 성도들에게 교회 나오는 데 따른 분명한 책임감을 가지도록 권면하는 것이 오히려 그들이 교회에 잘 나오도록 만드는 것이다.

- **6위** 하나님은 평범한 사람들을 특별한 방법으로 사용하시는 능력을 가지고 계신다.

- **5위** 예수님은 자신의 기준을 결코 낮추지 않으셨다. 그러나 그분은 항상 사람들이 현재 처한 상태에서 출발하셨다.

- **4위** 복음 전파를 위해 사용되는 돈은 비용이 아니라 투자이다.

- **3위** 지적이고 상대방을 배려하는 대화는 내가 사용한 다른 어떤 방법보다 빨리 믿지 않은 사람들에 대한 복음 전파의 문을 열어주었다.

- **2위** 섬기고 있는 교회를 부흥시키는 방법은 매우 단순하다. 여러분이 더 많은 사람들을 찾아가면 된다.

- **1위** 여러분이 사람들을 키우는 데 집중하면 하나님은 교회를 성장시킬 것이다.

위의 열 가지 리스트는 우리가 복음 전파와 제자 양육의 양자 사이의 적절한 긴장 관계를 유지하는 대신 어느 한 쪽을 택하거나 현재의 상태에 머물려는 자세에서 벗어나도록 하는 데 큰 도움을 준다. 우리 교회는 양자의 균형을 이루도록 하기 위해 매우 노력하고 있다.

다음 5장은 내 자신의 경험과 우리 교회의 경험으로부터 얻은 5가지 전략에 대해 설명하려고 한다. 앞으로 알게 되겠지만 **각 전략은 복음 전파와 제자 양육이라는 목회의 두 분야와 관련되어 있다.** 복음 전도 프로그램과 제자 양육 프로그램을 분리시키는 대신에 그들을 조화롭게 결합하려고 노력함으로써 각 전략들은 하나님의 나라를 건설하는 데 강력한 역할을 담당한다. 우리는 하나님의 영광을 위해 우리가 속한 지역사회를 변화시키도록 부르신 하나님의 소명을 실천하면서 각 단계마다 혁신을 추구하는 경영자의 전략적 사고를 가지려고 노력하였다.

5단계에 대한 간단한 소개

첫째 전략 : 지역사회의 관심을 모아라

오늘날 교회는 지역사회에 사는 주민들에게 별 필요가 없는 것처럼 보인다. 그들 대부분은 우리들에게 관심을 가지지 않기 때문에 우리가 먼저 그들에게 다가가야 한다. 우리가 그들의 세계로 뛰어들 때 우리는 매력적이고, 그들이 필요로 하는 것을 줄 수 있어야 하며, 그들로부터 긍정적인 평가를 받아야 한다. 그렇게 될 때 마치 예수님이 사람들에게 다가가셨을 때, 그분의 말씀을 들은 사람들이 호기심과 믿음을 내비쳤던 것과 같은 결과를 가져올 것이다.

많은 교회들이 교회 성도들만을 위해 여러 가지 프로그램을 계획하고, 교회 자원의 대부분을 사용한다. 또 다른 교회들은 지역사회를 위해 희생적인 봉사활동을 통해 교회를 다니지 않는 많은 사람들로부터 좋은 반응을 얻고 있다. 그리고 가난한 사람들을 위해 집을 지어주거나, 개축하는 일을 도와주는 교회도 있다. 우수한 음악 프로그램을 제공하는 교회도 있고, 실직자들에게 직장을 찾도록 도와주는 프로그램을 운영하는 교회도 있다. 교회가 그리스도의 이름으로 제공할 수 있는 도움의 종류는 셀 수 없이 많다. 교회는 이런 방법들을 통해 지역사회의 주변 이웃들에게 쉽게 접근할 수 있다.

우리 교회가 위치한 카손 밸리 시에서는 미국 대부분의 다른 도시나 마을에서처럼 독립기념일(7월 4일)이 큰 행사 중 하나이다. 우리가 그 곳에 처음 교회를 개척했을 때 독립기념일을 축하할 수 있는 유일한 공공장소는 가족들이 35달러를 내고 들어가야 하는 공원 밖에 없었다. 우리 교회 리더들은 이 점에 착안했다. 교회에 다니지 않고 있는 수백 명의 사람들을 위한 축하 행사를 개최하여 지역주민에게 긍정적인 영향을 끼칠 좋은 기회로 삼을 생각이었다. 우리는 다음 해, 독립기념일 행사를 위해 지역 신문에 광고를 내고, 핫도그를 굽고, 티셔츠를 만들고, 찾아오는 사람들의 나이에 맞게 각자 즐길 수 있는 다양한 활동들을 계획했다. 그 결과 2,000명이나 되는 사람들이 우리 교회를 찾아오는 성과를 거두었다. 그 숫자는 카손 밸리 시의 전 인구의 2%나 되는 숫자였고 우리는 이에 매우 흥분했다. 참석한 사람들에게서 받은 진심어린 감사의 인사는 참석한 사람들의 숫자보다 더 소중한 것이었다. 많은 사람들이 우리들에게 행사 비용의 일부를 충당하도록 돈을 주려고 했으나 우리는 그것을 받지 않았다. 몇몇 아주머니들은 눈물을 글썽이며 그와 같은 장소와 기회를 준 것에 대해 감사했다. 우리들이 마련한 행사는 지역사회의 관심을 끌었고 연례 행사가 되었다.

둘째 전략 : 전략적 파트너를 찾아라

우리가 마련한 독립기념일 행사는 관련된 모든 사람들에게 도움이 되는 전략적 파트너 관계를 수립한 가장 좋은 본보기이다. 우리는 두 번째 독립기념일 행사를 개최하기 전에 교회 성도 중에서 잡화점을 하는 분에게 다음과 같이 말했다. "우리는 찾아오는 사람들을 위해 핫도그를 굽고 싶은데 이번 행사가 전도를 위한 것이므로 사람들로부터 돈을 받을 수 없습니다. 문제는 예산이 부족해서 경비를 줄이고 싶은 것입니다. 음식 비용을 줄이는 데 도와줄 수 있습니까? 음식을 무료로 제공해주시면, 간판을 세워 성도님의 가게에서 그 음식을 무료로 제공해주었다는 사실을 알려주겠습니다." 그는 우리의 제안에 동의했다(그는 간판을 세우는 것을 반대했다). 그는 행사기간 동안 필요한 음식을 무료로 제공해주었다. 그의 친절한 행동은 우리들에게 큰 도움이 되었고, 남에게 도움을 주는 기회를 가지게 된 것은 그에게 큰 축복이 되었다.

셋째 전략 : 신앙을 심어줄 수 있는 행사를 계획하라

우리는 모든 행사를 계획할 때마다 그것을 계획하고 집행하는 사람은 물론 참석하는 사람들에게 신앙을 심어주고 자라게 하고 도전케 하기 위해 노력했다. **우리는 단순히 행사만을 개최하는 것이 아니라 위와 같은 목적들이 충족되기를 희망했다.** 그것이 우리가 하는 모든 것의 목적이요, 의도였다. 우리가 개최한 행사 중에는 교회 밖에서 이루어진 것도 있었는데 예를 들면 연례적으로 교회에서 19km 정도 떨어진 타호*Tahoe* 호수에서 하는 전도활동 같은 것이었다. 일상적인 행사이지만 우리가 특별한 의미를 부여한 행사도 있었다. 예를 들면, '목적을 찾는 40일(40 Days of Purpose)'과 같은 프로그램을 통해 예배 때마다 우리를 향한 하나님의 거룩한 목적과 관련된 성경 구절을 찾아 이에 집중하였다.

얼마 전 우리는 예배에 참석하는 사람들에게 10달러를 주면서 그들에게 "다음 30일 동안 이 금액을 배로 늘려서 그것을 하나님의 영광을 위해 사용하십시오. 하나님을 영화롭게 하는 방법이라면 여러분이 원하는 어떤 방식으로 사용할 수 있습니다."라고 말했다(나는 성도들 중 일부가 카지노에 가서 그 돈을 룰렛게임에 사용해버리지 않을까 걱정했으나 내가 아는 한 아무도 그렇게 사용하지 않았다). 어떤 분은 그 돈을 그날 오후 가난한 사람들에게 나누어주었고, 다른 사람들은 그 돈을 투자해서 그 달 말에 더 많은 돈을 좋은 일에 사용하였다. 한 부인은 그 돈을 장식품을 만드는 재료를 사는 데 썼다. 그녀는 완성품을 만들어 팔아서 그 돈으로 더 많은 장식품을 만드는 재료를 사는 데 사용했다. 한 달이 지난 후 그녀는 주변의 어려운 사람들을 도와주는 데 상당한 금액의 돈을 마련할 수 있었다. 그녀는 그 일을 매우 기뻐했다.

**넷째 전략 : 모든 사람은 각자 뛰어난 능력을 하나씩은 가지고 있다.
그들을 움직이게끔 만들어라**

모든 사람은 가장 좋아하고 가장 효과적으로 봉사할 수 있는 역할이나 장소를 저마다 가지고 있다. 사람들이 그러한 장소를 찾도록 도와주는 것이 리더가 할 일이다. 교회와 같이 자발적인 조직에서는 돈을 봉사의 대가로 줄 수는 없다. 교회가 줄 수 있는 대가는 다른 사람의 인생을 변화시키는 데 자신이 기여했다는 느낌 그 자체다. 그것은 충분히 가치가 있다.

우리 교회의 교인들을 위한 훈련 프로그램은 사람들이 하나님의 사랑이 어떤 것인지 알고, 그들이 자신이 좋아하고, 성취감을 느낄 수 있는 역할을 찾도록 도와주고 격려해주는 것이다. 우리는 결코 다른 사람들에게 봉사하지 않으면 죄를 짓는 것이라는 식의 방법을 사용하지 않는다. 그런 방법은 개인이나 교회, 그리고 그러한 강요를 하는 교회 지도자들에게 단기적으로 성과는 있겠지만 장기적으로 부작용이 더 클 것이다. 성도들은 하나님이 다른 사람의 삶을 위해 자신들을 사용하고 계신다는 것을 깨닫게 될 때 기쁨을 느낀다.

다섯째 전략 : 여러분의 영향력을 확대시켜라

　사람들은 처음에는 다른 사람을 통해 배우다가, 나중에는 다른 사람의 스승이 될 수 있다. 좋은 선생, 전도자, 지도자, 봉사자 등이 되는 것만으로 충분하지 않다. 하나님은 개인이나 조직의 성장을 위해 우리가 다른 사람들을 돕는 능력을 증대시키는 것을 원하신다. 바울은 디모데에게 "또 네가 많은 증인 앞에서 내게 들은 바를 충성된 사람들에게 부탁하라 저희가 또 다른 사람들을 가르칠 수 있으리라"(디모데후서 2 : 2)라고 말했다.

　하나님은 우리 혼자서 모든 일을 감당하도록 부르신 것이 아니다. 그 대신, 그분은 우리가 다른 사람을 가르치는 능력을 통해서 다른 사람들이 우리를 배우도록 만들기를 원하시고 계신다. 사람들은 다른 사람들을 가르침으로서 자신들의 영향력을 키울 수 있다. 교회는 새로운 교회를 개척하고, 죽어가는 교회를 살리고, 선교사를 파송함으로써 영향력을 키운다.

개인적인 변화의 세 가지 영역

　이 책의 처음 세 장에 걸쳐 우리는 지역사회가 필요로 하는 것을 충족시키면서, 그리스도의 복음을 효과적으로 증거하기 위한 조직적인 변화의 필요성을 언급했다. 이제 개인적인 변화에 대해 언급하고 싶다. 개인적인 변화는 세 가지 영역에서 일어난다. 우리가 가진 재능(skills), 수단, 네트워크의 발전이 그것이다.

기술

앞서 크리스천 리더가 개발할 수 있는 가장 중요한 재능에 대해 언급하였다. 그것은 하나님의 사랑과 능력을 제대로 이해하는 것, 지역사회에서 필요로 하는 것을 파악하는 능력, 그리고 하나님이 그에게 주신 재능에 대한 정확한 평가와 사용이다. 이러한 재능이 발전함에 따라 리더는 점차 하나님의 주권을 신뢰하게 되고, 소외되고 상처받은 사람들의 처지에 공감할 수 있으며, 하나님의 영광을 위해 자신의 능력을 사용하려는 결심을 하게 된다. 이것은 매우 역동적인 배움과 성장의 과정이며, 죽을 때 까지 계속 진행되는 것이다.

《제5경영 *The fifth discipline*》의 저자 피터 센게 *Peter Senge*는 '성장을 추구하는 모든 조직은 학습조직이어야 한다' 라고 기록했다. 학습에 대한 열정을 가진 사람들은 대개 그들이 어떤 분야에 부족하다는 것을 깨닫게 된다. 그러한 인식은 책을 읽고, 공부하고 질문을 하도록 만든다. 그들은 현재의 것에 만족하지 않고 배우기를 갈망하며 결국 부족한 지식이나 경험을 채우게 된다. 그들의 목표는 지식을 위한 지식이 아니다. 그 대신 지식은 변화를 이루는 하나의 수단이 된다.

《성공하는 사람들의 7가지 습관》이라는 책의 저자 스티브 코비 박사는 우리가 둔해지거나 무능해지지 않도록 정신적, 정서적, 영적, 사회적으로 자라날 수 있도록 '자신의 톱날을 날카롭게 갈' 필요성에 대해 설명하였다. 지금부터 3천년 전에 솔로몬은 "무딘 철 연장 날을 갈지 아니하면 힘이 더 드느니라 오직 지혜는 성공하기에 유익하니라"(전도서 10 : 10)라고 성경에 기록했다.

목수나 벌목공이 자신이 사용하는 톱이 무딘 것을 봤을 때 그는 선택을 해야 한다. 그가 무딘 날로 계속 일을 하게 되면 일을 끝내는 데 시간과 노력이 많이 들 것이다. 다른 선택은 잠시 일을 멈추고 톱날을 가는 일에 집중하는 것이다. 그렇다면 톱날을 가는 데 사용하는 시간은 낭비하는 것인가? 그는 그 시간 동안 전혀 나무를 자르지 못했다. 그러나 톱날을 가는 데 사용한 시간은 다음 일을 할 때 많은 시간과 노력을 절약해주는 일종의 투자와 같은 것이다.

우리들 중 어떤 이는 수개월 전 혹은 수년 전에 이미 무디어진 톱날과 같다. 실제로 너무 오래 되어서 어디에서 다시 시작해야 할지 모르는 경우도 있다. 그러나 우리는 연장을 꺼내어 무딘 날을 다시 갈아야 한다. '날이 선' 사람만이 하나님의 소명을 감당할 수 있다. 그들은 최신 도서와 자료들을 읽는다. 그리고 배운 것을 다른 사람과 나누는 데 열심이다. '날이 선' 지도자들은 새로운 것을 시도하는 데 열심이고, 그들의 열정은 주변 사람들에게 파급된다. 이러한 지도자들은 연장이 자신들을 더욱 효과적으로 일하게끔 만든다는 것을 알기 때문에 톱날 만큼 연장의 중요성을 알고 있다. 혁신적 사고를 가진 최고경영자 목사들은 계속해서 배우고 성장해야 하며 그렇지 않으면 그들은 오래지 않아 날이 무디어질 것이다.

도구

개인적 변화의 두 번째 영역은 지역사회 사람들이 필요로 하는 것을 충족시켜주는 데 도움이 되는 도구(수단)를 개발하는 것이다. 여기서 말하는 도구란 이 책에서 소개하는 것과 같은 '특별한 전략이거나 특정그룹을 위한 커리큘럼'일 수도 있다. 새로운 커뮤니케이션 수단은 비전을 다른 사람과 공유하기를 원하는 사람들에게 꼭 필요한 것들이다. 오늘날 많은 교회가 주요 교회 리더들에게 정보를 제공하거나 가능한 한 많은 사람들에게 기도 요청을 전하기 위해 효과적으로 인터넷과 이메일을 사용하고 있다.

컨퍼런스에 갈 때마다 목사님들에게 지난해 자신의 목회활동에서 가장 뛰어난 성과가 무엇인지, 또 지난해 일어난 일 중에서 가장 좋았던 것이 무엇이었는지 물어본다. 그들 중 어떤 이는 전에는 전혀 교회에 관심을 보이지 않던 사람들에게 복음을 전한 새로운 방법들을 이야기한다. 또 다른 이는 교회 리더들과의 은혜로운 부흥회나 수련회, 또는 자신들을 위한 재충전의 시간들을 거론한다.

이러한 리더들이 노력했던 모든 것들을 듣고 나서 "그것은 정말 좋은 아이디어이다. 왜 내가 그것을 생각하지 못했을까?"라고 생각할 때가 많다. 그들의 아이디어 중 일부는 바로 목회에 적용할 수 있다. 그 외의 다른 아이디어는 우리 교회 실정에 맞지 않지만 목회에 도움이 되는 새로운 아이디어를 생각해 내는 데 도움을 주기도 한다.

어떤 리더들은 특정 교회에서 운영하고 있는 전략과 수단을 제대로 이해하지 않은 채 그대로 자기 교회에 적용하려고 노력한다. 그들은 윌로우 크릭 교회가 극장을 빌려 몇 달 안에 부흥시킨 것을 흉내내려고 한다. 우리는 다른 사람들과 대화할 때 그들의 말에 귀를 기울이는 것처럼 리더십, 시기(timing), 커뮤니케이션에 관해 좀 더 알아볼 시간적 여유를 가지는 것이 중요하다. 컨퍼런스에 참석할 때 특정 상황에서 어떤 전략이 어떻게 적용되었는지에 대해 구체적으로 질문하고, 지도자들이 성장의 각 단계마다 어떻게 대응했는지 구체적으로 질문하라. 어려운 결정을 내려야 했던 때와 그때 지불해야 했던 비싼 대가를 꼭 물어보라.

가끔 우리는 윌로우 크릭 교회나 윈저 힐 연합 감리교회를 볼 때 현재와 같이 발전된 모습만을 생각하고, 오늘이 있기까지 그들이 겪었던 힘든 과정을 간과한다. 성공적인 리더나 교회는 시련과 고난의 시기를 모두 겪었다. 그러한 지도자들은 스스로에게 질문을 던지고, 하나님으로부터 답을 구하고, 위험을 감수할 용기를 지녔다. 이 책의 후반부에서 여러분과 여러분의 교회가 사용할 수 있는 전략에 관해 읽어가면서 똑같은 어려운 질문들을 자신과 교회에게 던져보는 것이 좋다.

네트워크

변화의 세 번째 중요한 요소는 강력한 네트워크를 구축하는 것이다. 우리 교회의 모토는 "이웃을 돕는 것이 그리스도를 따르는 것이다" 이다. 우리가 하는 모든 것은 관계의 영역에 관련된 것이다.

예수님은 성육화하신 하나님이시다. 그분은 흠이 없으시고 완전하시지만 하나님의 뜻을 이루기 위해 사람들과 함께 일하셨다. 우리 각자는 종종 격려와 꾸중이 필요한데, 주변에 자신에게 관심을 기울여주는 사람들이 없으면 이 두 가지를 잃어버리게 된다. 네트워크는 위로는 복종해야 할 권위, 옆으로는 친구나 동료 목회자들, 아래로는 우리가 목회하는 성도에 이르기까지 사방으로 움직이는 격려의 관계를 만들어준다. 디모데의 본을 좇아서 우리 각자는 바울과 같이 우리를 지도해줄 권위 있는 인물이 필요하고, 바울이 믿을 만한 친구요, 동역자로서 지도해주었던 디도나 다른 사람들처럼 우리의 삶을 쏟을 '신실한 사람' 들이 필요하다.

카손 밸리 크리스천 센터에서 영적 성장을 담당하고 있는 스티브 윌슨 목사는 사람과 자신들을 둘러싼 환경과의 관계에 대한 연구를 다루는 사회진화학 분야의 학위를 지닌 매우 영리한 사람이다. 스티브는 목회에 대한 하나님의 소명을 따라 목사가 되었지만, 신학교과 목회 경험을 통해 그의 소명의 강단에서 설교하는 것이 아니라는 것을 깨달았다. 그러나 그는 영적 성장에 관해서 뛰어난 통찰력을 지니고 있다. 그는 사람들이 어떻게 하나님을 알고, 그분의 부르심에 어떻게 응답하는지 방법을 알고 있고, 사람들이 그러한 과정을 밟도록 도와주는 제도나 관계를 만들어 나가는 데 뛰어난 자질을 가지고 있다.

스티브는 많은 복잡한 정보를 이해하고, 사람들이 그러한 정보를 파악하고, 영적 성장의 각 단계를 밟아갈 수 있도록 도와주는 제도를 만들어 리더십 팀과 함께 그것을 수백 명의 사람들의 삶에 적용할 수 있도록 하고 있다. 스티브가 우리 교회에 끼친 긍정적인 효과 중 하나는 하나님에게 쓰임 받기 위해서는 모든 사람이 외향적인 성격을 지니거나 강단에서 설교자가 될 필요가 없다는 것을 깨닫게 해준 점이다. 이러한 현실은 많은 사람들에게 귀감이 되고, 그들의 사역활동의 범위를 넓혀 주는 데 크게 도움이 되었다. 스티브는 자기의 재능을 발견하여 끊임없이 톱날을 날카롭게 다듬는 사람의 좋은 본보기가 되고 있다.

나는 과거에 테니스를 즐겼고, 라켓에는 그 중심에 '스위트 스팟(sweet spot)' 이라는 지점이 있다는 것을 배웠다. 공이 그곳에 부딪치면 라켓의 어떤 다른 지점보다 확실히 그리고 빠르게 날아간다. 스티브는 자신의 노력이 최대의 효과를 거두고 성취감을 느낄 수 있는 스위트 스팟을 발견했다. 그것은 우리 각자가 자신의 특별한 리더십 역할이 어떤 것인지에 관계 없이 기술과 수단과 네트워크를 발전시켜 나가려는 욕구를 깨달을 때 일어나는 현상이다.

자넬 쉬트는 외향적인 성격을 지닌 재능있는 학교 교사다. 그녀는 영적으로 정서적으로 상처받은 사람들을 위한 '평안을 경험하고픈 사람들을 위한 모임STEP(Striving to Experience Peace)' 사역에 참여하고 있다. 그녀 자신이 어려운 과정을 경험하고 그것을 솔직히 다른 사람에게 들려주는 것을 통해 예전에는 꿈도 꾸지 못했을 훌륭하고 성공적인 사역을 감당하고 있다. 그녀는 젊었을 때는 교사로서 매우 훌륭한 성과를 거두었지만 지금은 자신의 장점과 통찰력과 온화한 마음을 결합하여 하나님이 그녀에게 자신의 재능, 수단, 관계의 네트워크를 잘 결합할 수 있는 사역을 담당하고 있다.

스티브와 자넬은 우리 교회의 3대 핵심 요소가 재능, 수단, 네트워크의 개발과 사용이라는 형태로 잘 나타난 좋은 본보기이다. 우리 교회의 3대 핵심 가치는 1) 하나님에게 사람은 소중하다, 2) 하나님의 말씀은 삶을 변화시킨다, 3) 영적 성장은 지역사회에서 일어난다.

이와 같이 핵심 요소를 이해하고 발전시키는 일은 항상 분명하고 단순 명쾌한 것은 아니다. 가끔 우리는 성공을 통해 배우는 것보다 실패를 통해 더 많은 것을 배운다. 성공한 사람들 중에는 인생의 깊은 속을 제대로 경험하지 않고 단지 표면만 스치고 지나가는 삶을 사는 이들이 많지만 예수님이 주시는 삶은 그런 삶이 아니다. 실제로 위대한 목표를 달성코자 하는 충동은 우리 인생에서 하나님의 일을 하는 데 방해가 될 수도 있다. 그분은 우리가 자신의 부족을 인정할 만큼 정직할 때 훨씬 강력하게 활동하시는 분이시다.

하나님의 뜻은 때때로 잘 알 수가 없지만 결국 고통과 상처의 어두운 그늘은 기쁨과 사랑의 밝은 빛으로 변화한다. 우리가 잠시 동안 보는 모든 것은 벽에 거는 융단의 뒷면이다. 아마도 내일 혹은 어쩌면 주님과 얼굴로 마주할 때, 아주 복잡하면서도 정교하고 아름다운 융단의 전면을 보게 될 수도 있다. 우리가 살아가면서 겪는 실패와 상처의 어두운 그늘은 씨줄과 날줄이 되어 장차 우리가 누리게 될 기쁨의 옷감을 만들어낼 것이다. 우리는 그 일을 통해 하나님이 우리 삶을 통해 역사하시는 깊이와 풍성함과 활력에 대해 온몸으로 느낄 수 있을 것이다. 그러므로 우리는 하나님이 우리의 고통과 부족과 치열한 노력을 사용하여 아름다운 무엇인가를 창조하고 계신다는 것을 믿는 신앙이 필요하다.

1. 제자 양육과 복음 전파 양쪽을 동시에 고려하여 시너지 효과를 내기보다 어느 한쪽을 택하기 쉬운 것은 무엇 때문인가요?

2. 여러분은 자신과 섬기고 있는 교회가 위에서 말한 양자를 조화롭게 다루고 있다고 말할 수 있습니까? 혹은 어느 한쪽에 치우쳐 있다고 보고 있는지요? 그렇게 생각하는 이유를 적어보세요.

3. 릭 워렌 목사가 말한 '열 가지 리스트' 중에서 여러분의 마음에
   와닿는 것은 무엇인가요? 그 이유는요? 자신이 가지고 있는 리더
   십의 균형을 이루기 위해서는 어떤 점에 보다 관심을 집중해야 할
   까요? 그 이유를 설명해보세요.

4. 여러분이 알고 있는 사람들 중에서 리더십의 핵심요소인 재능과
   수단과 네트워크를 잘 개발한 사람은 누구입니까?

5

첫 번째 전략   Grab the
Community′s
Attention

지역사회의 관심을 끌어라

"이에 제자들에게 이르시되 추수할 것은 많되 일군은 적으니 그러므로 추수하는
주인에게 청하여 추수할 일군들을 보내어 주소서 하라 하시니라"

| 마태복음 9 : 37 ~ 38 |

성공회 주교였던 샘 슈메이커는 현대 교회에서 공통적으로
나타나고 있는 복음 전파의 형태에 관해 다음과 같이 말했다.
"주님은 우리를 베드로처럼 사람을 낚는 어부가 되라는 대사명
(Great Commission)을 주셨다. 그런데 우리는 그 사명을 변형시
켜 단순히 수족관 주인처럼 되어버렸다. 때때로 나는 여러분의
어항에서 고기를 끄집어내 나의 어항으로 옮기곤 하는데 여러
분들도 마찬가지 일을 할 때가 있다. 그러나 우리는 모두 똑같은

고기를 돌보고 있는 것이다."

크리스천은 관심을 기울일 많은 문제를 가지고 있다. 교회가 밖에 있는 사람들이 필요로 하는 일을 돕는 데는 시간을 거의 사용하지 못하고, 교회내의 문제를 처리하는 데만 온통 정신을 쏟기 쉽다. 우리가 가진 에너지와 창조성을 우리들의 '어항' 바깥쪽까지 도달하도록 사용하기보다는 어항 속의 물고기 옮기기에 정신이 팔려 있다. 우리는 전에 가졌던 물고기 대신 다른 어항의 물고기를 가지고 와서는 마치 큰일을 한 것처럼 말하곤 한다.

교회가 지역사회와 접촉하려는 시도에서 경험하는 또 하나의 문제는 사람들이 교회에 나오면서 예전에 알고 지내던 사람들과의 사귐이 완전히 끊어진다는 점이다. 많은 연구결과에 따르면 사람들은 교회에 다니기 시작한 지 2, 3년 지나서 새로운 가치관과 삶의 양식을 가진다는 것을 보여주고 있다. 그리고 새로운 친구들을 사귀고, 함께 예배를 드리고, 성경공부를 같이 하고, 때때로 서로 충고를 주고받는 사이가 된다. 2, 3년 만에 그는 자신이 속한 사회그룹이 바뀌게 되고 자신의 옛 친구들과의 연결이 끊어지게 된다.

예수님은 주기도문에서 우리가 매우 역동적인 긴장 속에서 살고 있기 때문에 우리를 위해 기도하셨다. 우리는 세상 속(in the world, 요한복음 17 : 11)에 있지만 세상 사람은(of the world, 요한복음 17 : 6)은 아니다. 이것은 무엇을 의미하는가? **그것은 하나님이 이제 갓 교회에 나오기 시작한 사람에서부터 수십 년 동안 신앙생활을 한 사람에 이르기까지 우리 모두가 거룩하고 순수하게 살고, 불신자들과도 의미 있는 관계를 유지하면서 살기를 원하시며, 그들 속으로 보냄을 받은 자로서 살기를 원하고 계신다는 것을 의미한다.**

개인적으로 불신자와 관계를 유지하라

대부분의 교회 지도자들은 자기 시간의 대부분을 설교나 성경공부 준비, 회의 준비, 어려움에 처한 성도들을 돕는 일, 사무실 팩스기 고장을 수리하기 위해 서비스센터에 전화하는 일 등에 쏟는다. 그러한 일들에 시간을 들여야 하지만 그 일들에 모든 시간을 쏟아부어서는 안 된다.

크리스천 리더십의 가장 중요한 책임 중 하나는 지역에 사는 이웃들과의 관계를 유지하는 일이다. 세상 속에 있기 위해 우리는 그들이 흥미를 가지는 모든 일들에 대해 사람들과 대화할 수 있어야 한다. 비록 그것이 영적인 것이 아닐지라도. 우리는 교회가 지향하는 목표나 자신의 개인적 목표에 전혀 기여하지 않는 사람들과도 관계를 유지할 수 있어야 한다. 우리들 중 교회와 무관한 진정한 친구를 가진 사람이 얼마나 되는가? 우리는 적절한 때 사람의 삶을 변화시키는 그리스도의 사랑을 그들과 나누기 위해 예수님에 관한 대화로 옮겨갈 수 있다.

솔직하게 이야기하면, 우리는 거룩함 안에 안주하고 싶은 많은 유혹을 받는다. 즉, 습관과 타성에 젖기 쉽다. 우리는 불신자와의 의미 있는 만남에서 멀어지는 대신 교회 친구와 교회 일에 점차 빠져들게 된다. 우리는 우리와 비슷한 사람끼리 지내는 것에 점차 편안함을 느끼게 된다.

우리는 또한 다른 사람들의 기대에 신경을 쓰게 된다. 교회 성도들은 우리들이 교회와 성도들을 위해 시간과 에너지를 사용하기를 기대한다. 교회 성도들은 교회에 기여하기도 하고, 도움을 필요로 하기도 한다. 그들은 우리의 도움이 필요할 때 도와주기를 기대한다. 성도들이 필요로 하는 일을 우리가 도와주다 보면 예전처럼 불신자들에게 해주던 일들을 할 시간적인 여유가 거의 없게 된다. 그러한 변화는 가치가 있는 것인가?

댈러스 신학교의 하워드 핸드릭스 교수는 다음과 같은 말을 자주 했다. "사람들이 피 흘리기를 원한다면 여러분도 피를 흘려야 한다." 우리가 먼저 천국과 지옥의 실제에 대해 깊이 감동받은 모습을 주변에 있는 성도들에게 보여주지 못한다면 그들은 결코 불신자들을 돌아보지 않을 것이다. 그들은 우리의 말만 듣고 있는 것이 아니라 우리의 행동도 보고 있다는 것을 알아야 한다. 실제로 그들은 우리 행동이 말과 일치하고 있는지를 보고 있다. 그것이 우리의 신뢰를 쌓기도 하고 무너뜨리기도 한다.

추종자들은 리더들보다 무슨 일이든 조금 덜 하려고 하는 경향이 있다. 사람들은 그것이 무엇이든지 우리가 하는 것보다 조금 덜 하려고 할 것이다. 그들은 내가 그리스도를 두 명의 불신자들에게 전하는 것을 보았다면 그들은 한 명의 불신자에게 복음을 전하려고 할 것이다. 내가 아이들의 스포츠 행사에 가서 다른 부모들과 실제적인 관계를 만들어나간다면 성도들은 적어도 불신자들과 대화를 시작할 용기를 가질 수 있을 것이다.

솔선수범하는 태도를 통해 다른 사람들을 깨우치려고 하는 것은 다른 사람들에게 죄의식을 심어주는 것이 결코 아니다. 나는 이런 행동이나 말을 할 때 언제나 자신을 비추어본다.

"나는 최선을 다하고 있는가? 나는 거룩한 채 하고만 있는 것이 아닌가? 불신자들과 정기적으로 만나기 위해 시간을 만들고 있는가? 내가 그들을 만날 때 그들은 나를 친구로 대하는가? 혹은 내가 원하는 사람으로 만들기 위해 그들을 이용하는 사람으로 느끼고 있는가?"

조직적인 접근의 중요성

앞서 내가 말한 다섯 가지 전략은 함께 어우러졌을 때 최대의 영향력을 발휘할 수 있다. 각 전략은 개별적으로 다루어질 수도 있으나 함께 다루어질 때 교회 내부 및 외부인들에게 전체적·유기적으로 영향을 미친다. 대규모 행사, 파트너십·리더십 계발, 영향력 증대 등은 초신자들을 성숙하게 만들고, 뛰어난 지도자를 키워내고, 지역사회의 모든 사람에게 복음을 전파하는 데 함께 작용하게 된다. 그러고 나서 여러 가지 목적을 위해 전략들이 만들어지고 집행된다. 이 모든 것은 하나님의 뜻과 주변의 불신자들을 고려하여 이루어져야 한다.

나는 마태복음에서 예수님이 보여주신 풀뿌리 전도 방법과 주변의 어려운 처지에 있는 사람들을 향한 애정과 분명한 소명에 대해 항상 감동을 느낀다.

"예수께서 모든 성과 촌에 두루 다니사 저희 회당에서 가르치시며 천국 복음을 전파하시며 모든 병과 모든 약한 것을 고치시니라 무리를 보시고 민망히 여기시니 이는 저희가 목자 없는 양과 같이 고생하며 유리함이라 이에 제자들에게 이르시되 추수할 것은 많되 일군은 적으니 그러므로 추수하는 주인에게 청하여 추수할 일군들을 보내어 주소서 하라 하시니라”

(마태복음 9 : 35~38)

영적 지도자의 역할은 주변 사람들에 대한 애정과 행동의 삶을 모범적으로 보여주고, 복음을 듣기 위해 그에게로 오는 사람들에게 말씀을 전하고, 그에게로 나오지 않는 사람들에게는 복음을 가지고 그들을 찾아가는 것이다. 지도자들이 하는 일은 그리스도의 사역을 따라서 성도들에게 능력과 명료함과 친절로서 하나님의 은혜를 전하는 것이다. 무엇보다도 성도들에게 그리스도의 복음이 사람들의 삶을 변화시킨다는 강한 소망을 심어주는 것이 중요하다.

사람들 중에는 복음을 전하는 것이 크리스천이 해야 할 올바른 일이라고 믿기 때문에 복음을 전하고 있는 사람들이 있다. 그들은 어느 정도 결실을 보겠지만 많은 결실을 보지는 못한다. 한편 어떤 사람들은 하나님의 은혜에 크게 감동해 모든 사람들이 그리스도를 영접하기를 간절히 바라기도 한다. 그들은 들판에 추수할 것이 많은 것을 보고, 추수한 결과 많은 사람들이 예수님을 믿게 되었다. 아울러 수십 명의 사람들이 이들의 열정을 보고 감동을 받아 그들 또한 자신의 믿음을 전하지 않고는 못 배기는 사람이 되었고, 그 결과 추수할 일꾼들의 수는 늘어나는 결과를 가져왔다. 우리들의 기대가 세상에 큰 차이를 가져오게 만드는 것이다.

큰 기대를 가지려면 보이지 않는 것을 볼 수 있어야 한다. 사람들의 공허한 마음을 바라볼 수 있으려면 그들이 가진 비싼 차와 많은 부를 초월하여 볼 수 있어야 한다. 예수님은 무리들을 보시면서 그들의 얼굴과 사람들의 숫자만을 보신 것이 아니다. 그분은 그들의 마음의 상태를 보시고 안타까운 마음을 가지셨다.

로버드 콜먼이 쓴 《주님의 전도계획 Master plan of evengelism》이라는 책은 제자도에 관해 쓴 유명한 책 중 하나이다. 이 책에서 그는 하나님이 세상에 복음을 전하는 방법은 잃어버린 자에 대한 안타까운 마음을 지닌 제자를 세우는 것이라고 말한다. 복음을 다른 사람과 나누는 일에 대한 제자들의 헌신이 제자들로 하여금 주님을 더욱 의지하게 만들었고, 성경에 대한 연구를 깊게 하도록 만들었으며, 자신들과 같이 영적 전쟁터에 있는 다른 제자들이나 자신들의 친구가 된 불신자들과의 관계를 심화시켜 나가도록 만들었다.

제자를 양성하는 것은 우연히 일어나지 않는다. 그것은 의도, 계획, 실행, 성공의 축하, 어려운 질문을 기꺼이 하는 용기를 필요로 한다. 커뮤니케이션의 가장 큰 원칙은 "청중을 제대로 이해하라"라는 것이다. 그 규칙은 지역사회 사람들과 관계를 맺는데 있어서도 바로 적용된다.

조지 바나는 그의 글에서 다음과 같은 질문을 던졌다. " 여
러분의 교회 성도들은 불신자들과 사귀는 법을 알고 있는가? 불
신자들의 태도, 목표, 가치관, 교회에 대한 생각들을 평가하는
데 시간을 들이고 있는가? 여러분들이 일단 불신자들이 어디에
서 오는지 알게 되면 그들이 있는 그곳에서 어떻게 그들을 만나
야 할지 분명한 그림을 그릴 수 있게 될 것이다."

지역사회가 필요로 하는 것이 무엇이며, 지역사회의 인구변
화가 어떻게 되고 있는지에 대해 우리가 분명한 그림을 가질 때
사람들을 그리스도께 인도하는 전략을 수립하여 성도들과 연결
시킬 수 있고, 그들을 영혼 구원의 추수밭에서 함께 일할 동역자
로 만들 수 있다.

마음을 붙잡으라

플라이 낚시꾼은 개울가에서 주의 깊게 물위에 있는 곤충들
을 살펴보고, 바위 아래와 물속에 있는 유충들과 애벌레들을
살펴본다. 그들은 송어가 어떤 종류의 곤충을 먹이로 하고 있
는지 안 후에 올바른 플라이(낚시에 사용하는 가짜 미끼)를 선택
한다. 세심한 관찰이 중요하며 그것을 빠뜨릴 경우 고기를 잡

지 못할 것이다.

사람을 낚는 어부에게도 성공하기 위해 세심한 주의는 꼭 필요하다. 미국통계청과 대부분의 기독교 교단 본부에서는 특정 지역의 인구변화에 관한 좋은 자료를 제공하고 있다. 여러분은 이런 기관들에서 만든 자료를 통해 현재 속한 지역사회의 인구분포와 지난 몇 년 동안의 인구추이를 살펴볼 수 있다. 이러한 정보는 하나님이 여러분들이 목회할 성도들을 이해하는 데 도움이 되는 중요한 자료다. 그리고 그 지역에 있는 여러 부류의 그룹에 대한 정보를 얻기 위해 사람들과 비공식적인 인터뷰를 할 수도 있다. 스포츠, 음악, 어린이 프로그램, 재정, 결혼은 보편적으로 중요한 이슈들이지만 지역사회에 대해 공부해감에 따라 이러한 주제에 대한 특별한 관점이나 다른 주제들이 제기될 수 있다. 이러한 주제들을 다루는 것은 사람들의 관심을 끄는 계기가 될 것이다.

캘리포니아 오션사이드 시에 있는 새희망지역교회(New Hope Community Church)는 샌디애고 인근 지역 중에서 특별히 문화적으로 복잡하고, 방송미디어가 범람하는 지역 주민들의 관심을 모으기를 원했다. 그 교회의 부목사 중 한 사람인 스콧 에반스는 마케팅 분야에서 일한 경험을 가지고 있었다. 그는 창의성이 매우 뛰어난 브로슈어와 우편물, 부착물, 물병 등 교회에 대한 사람들의 관심을 모을 수 있는 많은 수단들을 만들어냈다.

그는 교회 리더들에게 교회에 대한 분명하고 뚜렷한 정체성을 가지도록 부탁했다. 그리고 그 정체성을 그가 만든 모든 홍보수단을 통해 전달했다. 교회의 정체성은 하나님의 목적과 특성을 반영하는 것이며, 하나님이 교회내의 재능 있는 사람들을 어떻게 그 지역사회가 필요로 하는 것을 채우기 위해 사용하기를 원하시는지 반영하는 것이다.

우리가 카손 밸리 지역에 왔을 때 이곳 사람들이 무엇을 원하는지, 무엇을 필요로 하는지 알아보기 위해 수십 명의 사람들과 이야기했다. 우리는 그들 중 많은 사람들이 십대자녀들 문제로 큰 스트레스를 받고 있다는 것을 알았다. 그래서 우리는 신문지에 끼워넣는 광고물과 설교 제목에 'X등급의 세상에서 G등급의 자녀를 키우는 법'이라는 문구를 사용하였다. 중요한 것은 부모들의 필요를 파악하고 그것을 충족시키는 대답을 제시하는 것이었다. 실제로 우리 교회의 모든 설교 주제들은 지역사회의 특별한 필요를 충족시키기 위해 작성되었고, 우리들이 사용하는 홍보 수단들은 그러한 내용을 지역주민들에게 알리기 위해 개발되었다.

여러분의 교회의 정체성을 설립하는 것은 매우 중요하다. 그것은 사람들이 여러분의 교회에 붙이는 꼬리표 또는 모토가 된다. 이러한 정체성은 민주주의 투표 방식으로 결정되는 것이 아니다. 그것은 하나님이 그 교회에 주신 비전을 받은 사람들에 의해 결정된다. 5년 전 카손 밸리 지역에서 교회를 시작하면서 우리가 세운 교회의 정체성은 하나님의 열정과 능력에 대한 우리의 이해에서 출발하여 그 지역의 특별한 필요, 교회지도자들의 열정과 은사가 결합된 것이다. 많은 기도와 토론을 통해 하나님은 우리에게 분명한 정체성을 주셨다. "이웃을 도우며 그리스도를 따른다." 이 문구는 현재 우리의 모습이 아니지만 그것은 우리가 되기를 원하는 장래 모습이다.

성공적인 목회는 예수 그리스도의 은혜와 권능을 통하여 관계 내에서 이루어진다고 믿는다. 현존하는 조직에서 현 상태에 머물려는 태도와 타성에 젖어 있는 것은 정상적이다. 변화는 어렵게 온다. 목사는 교회의 중요 리더들이 분명하고 새로운 정체성을 수립하도록 불러모을 권한을 가지고 있다. 비전이 있는 지도자들은 다른 사람과 관계를 구축하는 데 시간을 들이고, 변화를 시도하기 전에 주변 사람들로부터 존경과 신뢰를 먼저 얻는다.

변화 관리 전문가인 하버드대학의 존 코트 교수는 사람들이 변화를 시작하기 위해서는 변화에 대한 절대적인 필요성을 먼저 인식해야 한다고 말한다. 교회에서 목사는 변화가 필요하다는 것을 성도들이 알도록 해야 한다. 지도자가 신뢰를 쌓고 사람들의 신임을 얻으면 그는 정상적인 장애를 극복할 수 있고 또는 그것을 최소화할 수 있다. 그렇지 않으면 그는 불가피하게 장애물을 만나고, 뒷다리를 잡는 사람들을 만나고, 갈등을 유발하게 된다.

목사는 성도들이 하나님의 마음과 지역사회가 필요로 하는 것에 대해 귀 기울여 듣도록 계속해서 지적해야 한다. 그는 그들에게 현재의 모습은 하나님이 그들과 지역사회를 위해 원하는 것이 아니라는 것을 보여주어야 한다. 비전 제시가로서의 목사의 역할은 불균형을 가져오고 변화가 필요하다는 점에 대한 사람들의 공감대를 형성하는 것이다. 그는 하나님이 훨씬 큰일을 계획하고 계신다는 확신과 믿음으로 비전의 부족과 무기력을 극복해 나가야 한다.

이 책을 읽고 나서 혹은 컨퍼런스에서 돌아와서 교회의 새로운 정체성에 대해 혼자서 결정하지 마라. 그것은 자살행위가 될 것이다. 조직의 정체성을 결정하는 과정은 종종 수개월이 걸린다. 지역사회가 필요로 하는 것을 찾고, 하나님의 소명을 깨닫고 사람들 간의 신뢰를 얻는 데 시간을 가져라. 인내하면서 기다리면 분명하고 일관성 있는 소명을 깨닫고 성도들 간의 단결을 가져올 것이다. 물론 여러분이 무엇을 하든지 변화가 잘못되었다고 믿는 사람들은 있기 마련이다. 그들은 옛 전통이나 옛 지도자들에게 발목 잡혀 있는 사람들이다. 그들에게 관대하라.

그러나 몇몇 사람들이 반대한다고 해서 여러분이 타고 가는 배를 멈추지 말라.

사람들을 교회로 인도하고자 하는 우리의 사명은 창조적이고 전혀 새로운 생각을 유도할 수 있다. 때때로 불신자들이 편하게 느낄 수 있도록 만들기 위해 교회 밖 모임도 개최하라. 수년 동안 무시되어 왔던 지역사회의 소외된 계층에 초점을 맞추어라. 실직자들과 이혼녀 또는 미혼모 등에 대해 관심을 기울여라. 지역사회에 긍정적인 변화를 가져올 일을 하라. 창조적으로 생각하고 계획하는 일은 교회가 가지고 있는 자원들을 지역사회 사람들을 만나도록 하는 데 쓰이게 하고, 하나님이 교인들의 믿음과 감동을 자극하여 이러한 사람들을 만나도록 만들 것이다.

교회의 따뜻한 분위기와 희망에 관한 강력한 메시지는 사람들을 교회로 불러 모으겠지만, 우리는 아울러 사람들을 교회에서 떠나게 만드는 것들을 피해야 한다. 교인들 간의 험담은 가장 해로운 문제 중 하나다. 어떤 신문에서 내년도 예산을 다루는 모임에서 성도들 간에 치고 박는 싸움이 있었다는 기사를 본 적이 있다. 그러한 사람들에게서 그리스도의 사랑에 관해 무엇을 들을 수 있겠는가? 신자들이 서로 험담하는 것을 듣고 불신자들이 교회에 나오고 싶어하지 않는 것에 대해 누가 비난할 수 있겠는가?

많은 사람들을 교회에서 멀어지게 만드는 또 다른 요인은 돈에 대한 지나친 강조다. 청지기 의식은 우리 교회의 10대 강령 중의 하나이지만 사람들이 헌금을 많이 하도록 죄의식을 심어주는 것은 옳지 않다. 예수님은 기도나 신앙에 대해 말씀하신 것을 합한 것보다도 돈에 관해 더 많이 말씀하셨다. 그러나 사람들의 팔을 비틀어 헌금하도록 하시지 않으셨다. 돈이 신앙이 자라는 데 장애가 되거나 또는 우상이 될 때는 사람들이 하나님의 선하심과 은혜를 더 많이 경험하도록 도와주어야 한다. "하나님은 즐겁게 드리는 사람을 사랑하신다"는 점을 자주 말하라. 헌금은 항상 하나님의 은혜에 대한 감사의 표시여야 하지, 교회의 예산을 충족시키기 위해 죄의식을 심어주는 기회로 삼아서는 안 된다.

지역사회 사람들이 교회에 등 돌리는 다른 두 가지 이유는 교회가 지역사회의 필요에 전혀 맞지 않는 일을 하거나 프로그램이 매우 빈약한 경우이다. 사람들의 필요와 믿음을 북돋울 프로그램을 제공하지 않으면 또는 프로그램이 사람들의 기준에 미치지 못하면 사람들은 더 이상 교회에 오지 않는다. 나는 어떤 교회의 어린이 프로그램 중에서 관리 감독이 엉망이고, 아이들에게 위험한 것이 있음을 보았다. 자녀를 사랑하는 부모라면 비록 그들이 여러 차례 초청을 받는다 하더라도 아이들을 그런 환경으로 데려오지 않을 것이다.

가끔은 교회를 성장시키기 위해 여러분들이 하는 최고의 노력은 지역사회 사람들에게 우스갯거리 중 하나가 될 수 있다. 우리가 교회를 시작한 후 처음 15개월 동안 우리는 임시장소에서 예배를 보았다. 그래서 우리는 매주 큰 도로 옆에 있는 높은 기둥에 거대한 천막을 매달아야 했다. 매주 금요일 오후에 그 사인을 달 때나 주일 오후 그것을 내릴 때 나는 동생 가족과 서너 명의 다른 남자들과 함께 길옆에 모였다. 우리 중 한 사람이 용감한 마음을 품고 높은 사다리 꼭대기로 올라가서 천막을 매달거나 풀어야 했다. 이 작업은 날씨가 좋을 때에도 매우 힘든데 바람의 세기로 유명한 카손 밸리에서는 더욱 심했다. 가끔 시속 96km나 되는 강풍이 천막을 마치 배의 돛처럼 날리게 만들었다. 지나가던 자동차들이 우리들을 격려하기 위해 혹은 우리를 조롱하기 위해 가던 길을 멈추곤 했다. 적어도 우리는 그러한 경험을 같이 가질 수 있었고, 매주 닥치는 고된 일을 웃음으로 감당할 수 있었다. 솔직히 수년이 지난 지금도 때때로 우리는 그와 같은 정신 나간 짓을 하고 있다.

교회에 등록시켜라

어떤 연구결과에 따르면 교회는 처음 교회에 나오는 사람들

을 기존 성도와 의미 있는 관계를 맺도록 도와주는 데 단지 몇 주
만 할애한다. 그뿐만 아니라 방문자는 교회가 그러한 노력에 별
로 성의를 보이지 않고 있는 것처럼 느낀다고 한다.

우리 교회는 사람들이 교회 문 안이나 우리가 주최하는 행사
장 안으로 걸어 들어오자마자 환영하고 따뜻한 분위기를 만들
기를 원했다. 그래서 우리는 초신자 환영 부서를 만들었다. 모
든 사람은 문에서 인사를 받고 간식거리를 제공 받는다. 음식은
냉랭한 분위기를 녹이고 우리가 관심을 보이고 있음을 나타내
는 좋은 수단이다. 그래서 우리는 모든 예배나 행사 때에 간식
을 준비한다.

토요일 저녁 예배는 가벼운 식사를 마친 후 시작한다. 주일 예
배는 도넛과 주스와 커피를 제공한다. 이러한 절차는 우리가 새
로운 예배당으로 옮긴 후 얼마되지 않아서 심각한 갈등을 유발
하기도 했다. 우리 교회의 강령(세상을 향한 교회의 십계명 중 하나)
은 사람들은 로비에서 간식을 먹어야 하고, 본당에는 음식을 가
지고 들어와서는 안 된다는 것이었다. 3개월 후에 교회 리더들
은 성도들에게 어떤 방은 다른 방과 달리 신성하다고 가르치고
있다고 느꼈다. 우리는 그 대신 하나님은 거룩하시지만 건물이
나 다른 것들은 거룩한 것이 아니라고 성도들을 가르치기를 원
했다. 그래서 우리는 사람들이 간식을 본당 안으로도 가져올 수

있도록 허용했다. 그들이 어떤 것을 어지럽히면 그렇게 하도록 놓아두었다. 성도들은 과거보다 더욱 편안하게 느꼈고, 그것은 꼭 나쁜 것만은 아니었다.

사람들은 교회에 처음 나온 후 그 교회에 계속 다닐지 여부를 결정하기 위해 두 가지 본질적인 질문을 던지게 된다. "이 교회 안에 내게 필요한 것이 있는가?", "이 교회에 나와 어울릴 수 있는 사람이 있는가?"

첫째 질문은 그들이 필요로 하는 것 중에서 교회가 줄 수 있는 것이 있는지 찾는 일이다. 우리는 가난하거나 사회에서 소외된 사람만이 무엇을 필요로 한다고 단정지어서는 안 된다. 사회의 모든 계층에서 사람들은 자신의 꿈을 성취하려 하고, 의미를 찾으려 하고, 단절된 관계를 회복하려고 노력한다.

둘째 질문은 자신과 비슷한 부류의 사람들과 사귀고 싶어하는 감정과 관련된다. 남편 없이 혼자서 자녀를 키우며 사는 여성은 결혼한 부부가 아닌 다른 싱글맘(single mom)과 사귈 수 있는지 알고 싶어한다. 어린이는 비슷한 관심을 가진 또래와 어울리기를 원한다. 비슷한 배경과 관심은 사람들이 편안함을 가지도록 만들어준다.

우리 교회는 위의 두 가지 질문에 대해 교회가 어떻게 도와주고 있는지 확인하기 위해 교회에 처음 나왔을 때는 어색함을 느꼈으나 곧 교회 각 부서나 성경공부반 등에 소속되었던 사람들을 예배 중에 간증토록 하고 있다. 베시 케네디는 이곳에서 8년 동안 살아온 이혼모인데 이혼한 후 교회에 나오지 않았었다. 그녀는 지역 신문에서 우리 교회를 소개하는 전단을 보고 예배에 참석하기 시작했다. 처음에는 사람들을 잘 알지 못했으나 곧 자신과 처지가 비슷한 이혼모들을 만나게 되었다. 그들의 비슷한 처지는 강한 유대감을 형성했다. 베시는 곧 이혼모들을 위한 교회부서의 책임자로 자원했고, 지금은 이혼모와 그들의 자녀들에게 훌륭한 영향을 미치고 있다. 처음에는 두려움을 가지고 예배에 참석하기 시작했으나 교회에서 맺은 관계가 그녀에게는 진정한 가족처럼 되었다.

어떤 사람들은 교회에서 스스로 의미 있는 관계를 맺는 것을 거부한다. 그들은 마음속에 큰 상처를 가지고 있어서 다시는 다른 사람들과 깊은 관계를 맺고 싶어하지 않거나 어떤 것을 감추고 싶어 한다. 우리는 그들이 원하는 한 자신을 적극적으로 드러내지 않고 예배에 참석할 수 있도록 배려하고 있지만 그것을 권장하지는 않는다. 우리는 사람들이 하나님의 은혜와 성도들 간의 사랑을 통해 치유를 경험하기를 원한다. 그 치유는 친밀한 관계에서 비롯되는 온기와 솔직함에서 비롯되는 것이다.

때때로 우리는 사람들이 우리 교회에서 적극적으로 활동하지 못하는 것을 볼 때 책임감을 느낀다. 가끔은 교회 일에 너무 신경을 쓰는 바람에 사람들이 교회에 계속 다닐지 여부를 결정하는 중요한 순간을 모른 채 지나가고 마는 경우도 있다. 교회 리더들은 자신이 맡고 있는 부서를 지나치게 영적인 것으로 만드는 실수를 저지르기도 한다. 그들은 "하나님이 원하시는 사람이라면 머물 것이요, 그렇지 않다면 떠날 것이다"라고 말한다. 그것은 매우 그럴 듯하게 들리지만 그것은 '양 무리의 상태를 잘 알고' 그들의 필요를 채워주어야 할 목자의 역할을 저버리는 것이다.

교회 리더들은 새로운 교인들이 교회에 정착하지 못하고 떠나는 경우를 많이 본다. 그들은 그런 경우 "그 사람들의 책임이다. 그들은 주님을 따를 준비가 되어 있지 않다"라고 말한다. 하지만 우리는 다음과 같은 선교적 질문을 던져볼 필요가 있다. "사람들이 예수 그리스도와 그분의 제자가 되는 일에 '예'라고 대답하는 데 장애가 되는 것은 무엇일까?" 만일 선교사가 기독교 신앙을 오르간 연주에 맞춰 찬송가를 부르는 백인들과 검은 예복을 입은 목사를 연상하게 만든다면, 그들은 세상의 많은 사람들이 그리스도의 복음을 제대로 이해하는 것을 가로막는 장애물을 세우고 있는 것이다. 마찬가지로 나는 사람들이 예수의 실체를 제대로 알도록 하는 데 방해가 되는 모든 장애물을 제거할 필요가 있다. 그렇게 하고 나서도 사람들이 예수님을 거부하면 나의 마음은 아프겠지만 나의 손은 깨끗해질 것이다.

하돈 로빈슨 교수는 덴버보수침례신학교에서 은퇴하기 전에 그 학교에서 석사과정을 이수하는 모든 사람들이 선교학을 수학하기를 원했다. 우리는 지금 포스트 기독교 문화 속에서 살고 있기 때문에 미국의 모든 목사와 교회 리더들은 선교의 사명을 감당해야 한다. 그러나 바나는 미국 교회는 해외에 선교사를 파송하는 것에 비해 국내 선교에는 열의가 부족하다고 지적하고 있다. 전 세계의 복음화라는 생각은 국내에도 적용되어야 하고 지역사회의 불신자들에게 복음이 전해지도록 노력할 필요가 있다.

성도들을 깨우라

교회의 임무는 불신자들의 관심을 끌어 그들이 교회의 따뜻하고 친밀한 관계에 소속되도록 만드는 것이다. 그것은 교회 성도들을 깨워서 이러한 노력에 참여토록 만들고, 새 신자들을 교회 각 기관에 소속시켜 활동케 함으로써 이루어진다.

사람들을 깨우는 일은 자신들이 가지고 있는 은사와 열정을 발견하도록 도와주고 그들이 기쁘고 효과적으로 봉사하도록 만듦으로써 하나님을 기쁘시게 하는 희망과 갈망의 불꽃이 그들 안에서

빛나도록 만드는 것이다. 바울은 왕성하게 활동하는 교회의 각 구성원들을 몸의 각 부분으로 비유했다. 각자가 건강하고 제대로 기능하면 몸은 튼튼하게 자라난다. 그러나 작은 부분이라도 상처를 입으면 온몸이 고통을 받는다. 그는 "그에게서 온몸이 각 마디를 통하여 도움을 입음으로 연락하고 상합하여 각 지체의 분량대로 역사하여 그 몸을 자라게 하며 사랑 안에서 스스로 세우느니라"(에베소서 4 : 16)라고 말하고 있다.

모든 사람은 교회의 삶에 중요한 역할을 감당하고 있다. 어떤 사람은 눈에 보이는 역할을 하고, 어떤 사람은 눈에 보이지 않지만 중요한 역할을 한다. 어떤 사람은 눈, 어떤 사람은 손, 어떤 사람은 내장, 어떤 사람은 발톱의 역할을 감당한다. 그러나 발톱까지도 매우 중요하다. 발톱은 대부분 관심을 모으지 못하지만 여러분은 발톱이 살갗 속으로 파고들어가는 것을 경험한 적이 있는가? 그렇다면 몸의 작은 부분이 상처를 입고 제대로 작동하지 못할 때 몸 전체가 얼마나 고통 받는지 알 수 있을 것이다.

성도 중 일부만이 열심히 봉사하고, 다른 성도들은 손 놓고 지낼 때 교회는 지역사회의 관심을 끌지 못한다. 앞서 왜 많은 성도들이 소극적인지에 대해 설명하였다. 그들은 이런 저런 이유들 때문에 하나님의 사랑과 능력에 감동을 받지 못하고 있다. 그들은 자신이나 세상을 위해 아직 자신의 마음을 진정으로 들여다보지 못하고 있다. 성도들이 스스로 자원하고, 즐거운 마음으로 일을 감당하는 열정이 없으면 다른 사람의 어려움을 돌아보지 못하고 자기 중심적인 삶을 살 수 밖에 없다. 그들은 교회에 와서 각 기관에 참여하지만 열정이 결핍되어 있다.

여러분은 열정을 가지지 못한 사람들을 성경공부반이나 세미나, 컨퍼런스 등에 참가시킬 수는 있지만 하나님이 그들 속에 있는 불을 지펴주시기 전까지는 그들에게 어떤 일도 일어나지 않을 것이다. 그러나 주님에 대해 열정을 가진 사람들은 어떻게 해서라도 다른 사람들을 위해 봉사할 수 있는 기회를 찾으려고 한다. 그들은 하나님이 그들을 통해 한 생명을 구원하시는 것을 보고 감동을 받는다.

우리가 앞서 말한 대로 열정과 지역사회에서 필요로 하는 일과 영적 은사를 발견하는 일들 간의 관계는 선형적인 것이 아니다. 이러한 요소들은 각자의 경험에 의해 심화되고 풍성해지는 동적인 과정이다. 주의 일을 감당하면서 겪는 성공과 실패를 통해 믿음이 더욱 자라나고, 주님을 더욱 의지하게 되고, 그리스도의 지체로서 각자의 역할을 잘 알게 된다.

카손 밸리 크리스천 센터의 교회 리더는 단순히 교회 조직도의 칸을 메우는 사람들이 아니다. 우리는 그들에게 교회 밖에서 선교적 사명을 감당하도록 말하고 있다. 우리는 사람들이 자신이 경영하는 가게나 사무실, 이웃에서 하나님을 훌륭하게 섬길 수 있다고 믿는다. 영적 리더가 된다는 것은 단순히 교회에서 높은 직분을 받는 것을 의미하지 않는다. 그것은 여러분이 온 마음을 다해 하나님의 사랑을 나눠주고, 다른 사람들을 섬기도록 하나님이 부르신 장소나 사람, 그리고 열정을 발견하는 것이다.

예전에 우리 교회 성도 중 한 사람은 지역 상공회의소 회장이자 시개발위원회 위원이었다. 하나님은 그에게 사업가들에게 전도할 수 있는 더할 나위 없이 좋은 자리를 주셨다. 만일 그분이 매일 접하는 사업가들에게 복음을 증거할 수 있는 황금같은 기회를 놓치고, 단순히 교회 직함만을 누리고 있었다면 얼마나 부끄러운 일이겠는가? 그분은 상공회의소 내에서, 시개발위원회 내에서 그리스도를 위한 대사의 직을 수행했으며 교회 내에서 정상적인 역할보다 더 큰 영향을 미쳤다.

레이 바크는 유능한 도시 선교학자로서 다음과 같은 사실을 보고하고 있다. 일본 사람들을 향한 가장 효과적인 선교활동이 몇 년 전에 동경이나 요코하마가 아닌 미국 알라바마 헌츠빌에서 일어났다. 한 일본의 자동차회사가 헌츠빌에 공장을 설립하였는데, 일본 본사에서 최고 경영자와 엔지니어 중 몇 사람이 미국 공장에서 일하기 위해 일 년 정도 머물렀다. 하나님은 헌츠빌에 있는 한 교회를 통하여 그들에게 그리스도를 증거하고 사랑을 나누어줌으로써 그리스도를 위한 선교임무를 감당하도록 하는 비전을 주셨다. 그해 네 명의 고위간부가 예수님을 영접하고, 그리스도를 위한 대사로서 일본으로 돌아갔다.

일본은 복음을 증거하기 매우 어려운 나라로 알려져 있다. 그러나 미국의 한 교회가 선교의 사명을 다른 방법으로 감당하여 예수 그리스도를 위해 살아가는 4명의 일본인 경영자를 만들었다. 헌츠빌에 있는 그 교회 사람들은 일본인 고위간부들에게 그리스도를 증거하는 일을 단순히 머릿속으로 하지 않고, 통상의 생각을 넘어서 하나님을 위해 대단한 일을 해냈다.

1. 여러분이 교회를 다니지 않는 불신자들과 관계를 맺는 데 방해가 되는 요인은 무엇인가요(습관, 타성에 젖는 일, 다른 사람들의 시선 등)? 여러분이 불신자들과 친밀한 관계를 맺기 위해 할 수 있는 일에는 어떤 것이 있을까요?

2. 여러분의 교회 교인들은 불신자들과 어떻게 관계를 맺을 수 있을까요? 불신자들의 태도, 목표, 가치관, 교회를 바라보는 시각에 대한 여러분들의 평가는 어떠한가요?

3. 사람들의 관심을 교회로 모으기 위해 할 수 있는 특별한 활동이나 원리들은 어떤 것이 있을까요? 여러분은 언제, 어떻게 그것을 시작할 수 있을까요?

4. 사람들이 교회 예배나 행사에 참석해 어떠한 감정을 느끼는지 알
   수 있는 방법들은 무엇이 있을까요? 그 사람들이 교회에 소속감
   을 느끼도록 하는 더 좋은 방법은 어떤 것이 있을까요?

5. 지역사회가 관심을 가지고 있는 일에 성도들이 마음을 쓰고 노력
   하도록 만들기 위해서는 어떻게 해야 할까요?

6. 여러분과 교회가 형식적인 수준에 머물지 않고, 실제적인 역할을
   수행한다는 것은 무엇을 의미합니까? 성도들이 교회에서 직분만
   가지는 것에 머물지 않고 보다 의미 있는 일을 할 수 있는 기회를
   가지도록 어떻게 동기부여할 수 있을까요?

6

두 번째 전략　Build
Strategic
Partnerships

전략적 파트너십을 구축하라

> 두 사람이 한 사람보다 나음은
> 저희가 수고함으로 좋은 상을 얻을 것임이라
>
> | 전도서 4 : 9 |

전쟁터에서 훌륭한 사령관은 사용 가능한 모든 자원들을 동원하여 그것들을 공격지점에 집중한다. 교회 일은 전투만큼 극적이지는 않지만 그 원리는 우리들에게도 똑같이 적용된다. 대부분의 교회 지도자들은 지역사회에 접근하고 지도자를 세우기 위해 그들이 사용할 수 있는 자원을 간과하기 쉽다. 그러한 자원은 종종 그들 바로 곁에 있다.

사령관은 전투에서 너무 많은 사람들이 죽어나갈 때 전술을 바꾸고, 더 나은 무기를 확보해야 할 필요성을 느낀다. 그런데 교회에서는 사람들의 영혼을 구하기 위해 수 세대에 걸쳐 사용해온 수단과 방법을 똑같이 적용해 영적 전투를 벌이는 경향이 있다. 그러나 포스트 크리스천의 시대이자 첨단기술과 정보혁명의 시대에서 우리들이 치루는 영적 전투의 성격도 많이 변했다. 우리가 옛날식으로 계속 싸운다면 불필요하게 많은 사람들을 잃게 될 것이다. 많은 영혼들을 잃어버리는 위험을 감수하면서까지 옛 방식을 지킬 필요는 없다.

비전을 가지고 시작하라

리더십 네트워크는 교회 리더들이 보다 전략적으로 생각하게끔 도와주는 데 큰 역할을 수행해왔다. 그들이 인터넷 상에 올린 글 중에는 성도들의 양적인 증가만으로는 충분하지 않다는 사실을 지적한 글도 있었다. 하나님은 우리가 살고 있고 일하는 이곳에 큰 변화를 이룩하도록 우리를 부르셨다. 그 글에는 "많은 성도들이 다음과 같은 질문을 던지고 있다, '우리는 지역사회를 위해 어떤 변화를 추구하고 있습니까?' 지난 20년간 성도의 수가 증가하고, 시설이 확충된 후 많은 교회들이 자원과 에너지를 지역사회를 변화시키는 데 쏟고 있다. 이러한 움직임은 변화된 사람이 사회를 변화시킬 수 있다는 믿음을 토대로 교회 자체의 역량 증대를 추구하는 것으로부터 지역사회를 향해 역량을 펼치는 것으로의 전환이라고 표현할 수 있다. 이러한 움직임은 다른 교회, 비영리조직, 정부, 지역단체 등과의 협력을 필요로 하고 있다” 라고 기록되어 있다.

우리가 이미 결론을 내린 대로 변화는 예전과 똑같은 방법으로는 제대로 영향력을 미칠 수 없다는 확신에서 비롯된다. 우리는 하나님께서 우리들이 더 많은 일을 더 효과적으로 하고, 성도들이 자신의 삶을 영원한 것을 위해 사용하기를 원하시고 계신다고 마음속으로 믿고 있다. 우리는 더 이상 양적인 증가에만 만족할 수 없다. 우리의 불만족은 거룩한 것이다. **변화가 단지 좋은 것만이 아니고 절대적으로 필요하다는 생각은 하나님이 주신 거룩한 것이다.**

우리는 예배에 참석하는 성도들의 얼굴을 볼 때마다 큰 감동을 받는다. 그러나 아직도 하나님을 알지 못하고 살아가는 주변의 수천, 수만의 사람들은 어떻게 하는가? 하나님은 그들의 삶에 성령이 내주하실 수 있도록 우리를 어떻게 사용하실 것인가? 교회가 어떻게 지역사회에 제대로 된 영향을 미칠 수 있을까? 변화는 우리에게서 시작된다. 그것은 교회 내 다른 어떤 사람들로부터가 아닌 바로 우리 자신에게서 시작된다!

전략적 파트너나 협력자를 찾는 것은 우리가 더 멀리 가고, 더 많은 것을 하고, 더 많은 사람들을 만날 수 있도록 하나님이 우리에게 주신 비전을 이루는 방법 중 하나다. 우리 주변에는 잠재적인 전략적 파트너들이 많이 있다. 중심가 또는 주변에 있는 이웃이나 교회의 성도들이나 직분자들 중에서도 찾아볼 수 있다. 여러분은 잠재적이고 전략적인 파트너로서 상호 유익을 가져다주고, 같은 가치관을 가진 사람이나 조직을 찾을 것이다. 제대로 된 전략적인 파트너를 찾을 수 있을 때 그들은 교회의 사역에 큰 도움이 된다. 솔로몬은 개인과 조직이 공동의 목표를 위해 함께 일하는 것의 중요성을 다음과 같이 말하고 있다. "두 사람이 한 사람보다 나음은 저희가 수고함으로 좋은 상을 얻을 것임이라."(전도서 4 : 9)

가치의 공유

좋은 전략적 파트너 관계는 양편에 모두 도움이 되어야 한다. 그러므로 여러분이 속한 교회와 협조하여 상호 유익을 가져올 기관이나 개인을 찾아보라. 나는 앞서 우리와 파트너를 이룬 잡화점 주인이 독립기념일 행사에 음식을 제공한 사실을 언급했었다. 이분은 우리 행사에 감동을 받고 그 일에 함께 하기를 원했다. 우리는 그가 얼마간의 돈과 음료수 몇 상자 정도로 '우리를 조금 도와줄 것으로' 기대했었다. 그러나 그 예측은 틀렸다. 그는 행사 기간 내 모든 음식과 음료수, 그리고 다른 물품들까지 제공했다. 그의 도움으로 우리는 4,000달러나 절약할 수 있었다. 교회는 사람들을 그곳으로 초청했고, 그들을 위해 테이블을 설치하는 일들을 했다. 우리는 간판을 세워 사람들에게 그의 가게가 음식을 제공했다는 사실을 알리고 싶었지만 그는 자기 가게의 이름을 알리지 말라고 부탁했다. 그는 하나님이 자신의 원대한 목적을 이루어 나가시는 데 자기를 사용하셨다는 것을 기뻐했다. 우리는 이러한 파트너 관계로부터 서로 큰 도움을 받았다.

얼마 전에 우리가 송판 깨기 세계신기록에 도전하는 한 가라데 선수를 초청해서 지역 신문과 방송국에 연락했다. 행사 당일 밤, 우리 교회 본당은 사람들로 가득 찼다. 그때의 기분은 말로 표현할 수 없다. 신문사의 사진기자는 사진을 찍고, 방송국은 행사장면을 녹화했다.

이러한 행사의 스포츠적인 측면 외에 그 선수는 그리스도를 영접한 사람이었다. 그는 과거에 자신의 잘못된 행실로 인해 고통 받던 때를 솔직하게 털어놓았다. 그의 간증은 분명히 그리스도 중심적이었고, 마약의 부작용까지도 간증했다. 그날 밤 사람들이 경험한 것은 가라데 솜씨가 아니라 한 사람의 인생을 바꿔놓은 예수님이셨다. 신문과 방송은 그 선수의 간증에 만족해했고, 우리는 사람을 삶을 변화시키는 하나님의 은혜에 대해 사람들이 알 수 있도록 한 것에 함께 기뻤다.

우리가 카손 밸리 지역에 대해 조사한 결과, 약 80%의 가정이 지역 신문 중 하나를 보고 있었다. 그래서 신문광고를 사람들에게 내보내는 대신 지역 신문에 컬러로 인쇄된 교회 소개 전단을 끼워넣는 방법을 택했다. 컬러 인쇄물은 신문 광고에 비해 쌌고, 신문과 별도여서 사람들이 신문을 버린 후에도 오랫동안 보관할 수 있는 장점이 있었다.

오늘날 미국 사람들은 건강 문제에 대해 관심이 매우 높다. 그래서 우리는 지역 병원에 요청해서 그들에게 건강박람회를 개최하는 것을 도와줄 수 있는지 물어보았다. 그들은 기꺼이 건강관련 정보를 제공하는 전시장을 세우는 데 협력했다. 왜 병원들이 이런 일에 적극적으로 참여하는가? 그 병원의 사명에는 지역사회에 건강관련 정보를 제공하는 것이 포함되어 있기 때문이다. 왜 우리가 건강박람회에 스폰서를 했는가? 그것은 예배에는 전혀 참석하지 않지만 신경통이나 암, 심장병, 건강 다이어트, 장기간병제도에 관한 정보를 얻기 위해 교회로 오는 사람들이 있기 때문이다. 우리는 사람들이 교회에 나오는 것을 가로막는 장애요인을 제거하기를 원했다. 건강박람회는 그런 사람들에게 접근하는 방법이고 우리가 그들에게 관심을 갖고 있다는 것을 보여주는 방법이었다. 이러한 행사는 교회와 관련기관의 목적에 부합한다.

물론 우리가 파트너 관계를 맺을 수 없는 조직과 사업체들도 있다. 우리는 술집과 같이 문제가 있는 업종의 조직들과는 제휴하지 않는다. 우리는 바울이 지적한 대로 신령하지 못한 조직체와 관련을 맺지 않도록 조심했다. "너희는 믿지 않는 자와 멍에를 같이 하지 말라 의와 불법이 어찌 함께 하며 빛과 어두움이 어찌 사귀며 그리스도와 벨리알이 어찌 조화되며 믿는 자와 믿지 않는 자가 어찌 상관하며 하나님의 성전과 우상이 어찌 일치가 되리요 우리는 살아 계신 하나님의 성전이라 이와 같이 하나님께서 가라사대 내가 저희 가운데 거하며 두루 행하여 나는 저희 하나님이 되고 저희는 나의 백성이 되리라 하셨느니라." (고린도후서 6 : 14~16)

전략적 파트너를 선택할 때는 서로 공동의 가치관을 가지고 있는 기관을 찾아야 하고, 문제가 될 소지가 있는 기관은 피해야 한다. 예를 들어 지역 신문의 사설이 낙태에 대해 강하게 찬성하는 기관이라면 그런 신문과는 거리를 두고 지낼 필요가 있다. 그런 경우 다른 신문사를 파트너로 알아보는 것이 좋다. 그리고 교회 행사를 취재하러 오는 기자가 교회의 이름을 긍정적으로 보도하는 사진과 기사를 제공하는 사람인지 확인할 필요가 있다.

우리는 지역사회에서 이미 명성을 얻고 있는 회사나 기관을 찾는다. 그들과 함께 일할 경우 교회와 그 기관에 모두 큰 유익을 가져올 수 있어야 한다.

여러분이 한 조직이나 회사와 장기적인 관계를 가질 필요는 없다. 여러분은 단기적이고 일회적인 행사에 국한된 관계를 가질 수 있다. 양 기관이 모두 유익한 결과를 얻었다면 다음 행사를 위해 공동 협조할 수 있는 것이다. 그렇지 못하다면 여러분은 난처함이나 어색함 없이 파트너 관계를 끝낼 수 있다.

좋은 파트너를 찾는 법

상공회의소는 지역사회에서 파트너 후보자를 추천해줄 수 있다. 교회 성도들과 이야기하는 중에 어떤 기업체나 사업가가 전도에 관심을 가지고 있는지 그리고 도와줄 의향이 있는지 알 수도 있다. 그러나 교회 내 성도의 기업이나 리더 중 그런 사람들이 있을 수 있다는 것을 잊지 말아야 한다. 그런 사람들은 교회와 파트너 관계를 가지는 문제를 전혀 생각하지 못할 수 있다. 그러나 그들은 요청을 받으면 기꺼이 참여하려고 할 수도 있다. 기업가는 본질적으로 다른 기업가를 끌어들인다. 여러분의 교회 내에 있는 기업가들을 여러분의 비전이나 전략에 끌어들임으로써 영향력을 증대시켜라.

모든 파트너십이 전도와 관련되는 것은 아니다. 내가 알고 있는 한 기술자는 교회 각 방마다 수제 캐비닛을 헌물했다. 그것은 그에게 상당한 비용을 부담하는 것이었다. 우리는 조그만 비용을 들이고 60,000달러 상당의 멋있는 캐비닛을 가질 수 있었다. 그 일은 그 사람과 교회 모두에게 만족을 주었다. 그는 자신의 기술이 하나님을 봉사하는 데 사용될 수 있다는 사실에 매우 기뻐했다.

어떤 기관은 교회의 파트너가 되기 위해 제안을 기다리고 있을 수 있다. 다른 기관들은 전에는 그와 같은 것을 결코 생각해 보지 않을 수도 있다. 여러 가지 아이디어를 내놓는 데 두려워하지 말라. 창조적으로, 크게 생각하라. 처음에는 어리석게 보이는 일이라도 나중에 큰 결실을 가져오는 다른 일로 연결될 수 있다.

최근에 우리는 가난한 가정을 돕기 위한 돈을 모금하기 위해 한 자동차 딜러에게 차 한 대를 기증할 수 없는지 물어보았다. 우리는 여러 자선기관들의 도움을 통해 티켓을 팔고, 차를 기증

한 자동차 딜러 가게에서 추첨을 했다. 방송사는 그 행사의 목적과 진행상황, 그리고 실제 추첨 장면을 보도했다. 마침내 그 자동차 딜러는 굉장한 홍보효과를 가질 수 있었고, 우리는 가난한 사람들을 위해 상당한 돈을 모을 수 있었다. 그리고 우리 교회는 구제에 관심을 가지고 있는 교회로 사람들에게 알려지게 되었다.

파트너를 구하는 것이 익숙해질 때 여러분은 특별한 행사에 가장 적합한 기관을 고르는 법을 알 수 있다. 그리고 교회의 목적에 가장 적합한 기관을 찾을 수 있을 것이다. 내가 사용하는 선택기준은 다음과 같다 :

1. 파트너 관계의 성격과 행사의 목적에 대한 자세한 전략을 수립하라.

2. 이러한 파트너 관계가 가져다줄 중요 목적(예배, 선교, 교제, 제자훈련, 또는 봉사)을 분명히 하라.

3. 좋은 명성을 가진 신뢰할 만한 기관을 찾아라.

4. 그 기관의 목적이 교회의 목적과 일치하거나 혹은 적어도 보완적이어야 한다.

5. 새롭고 창의적인 생각을 가진 기관을 찾아라.

우리 교회는 때로는 파트너 없이, 때로는 파트너와 함께 행사를 개최한다. 파트너는 그 행사의 내용을 알차게 하고, 효과를 극대화하지만 필요하다면 교회 자체의 힘으로도 할 수 있다. 그러나 파트너의 도움 없이 혼자만으로 할 수 없을 때가 있다. 그 이유는 재정적인 것일 수도 있고, 건강박람회처럼 전문성의 문제일 수도 있다.

창조적이고 전략적으로 사고하라

가끔 우리는 일이 되게끔 하기 위해 한두 가지 장애물을 극복해야 할 때가 있다. 여러분이 열심히 노력하면 주님이 멋진 일들을 이뤄나가실 수 있을 것이다.

친구 목사 중 한 분은 이미 그 지역에 독립기념일 행사를 하고 있다고 말했다. 실제 그 목사님이 사시는 지역은 매년 시가행진, 음악회, 불꽃놀이 등을 50년 동안이나 계속해오고 있었다. 그것은 그 도시가 가장 소중히 여기는 전통의 하나였다. 그렇기 때문에 친구 목사님의 교회가 이와 경쟁하는 행사를 기획하는 것은 현명치 못한 일일 것이다. 그러나 그분의 교회는 시가행진하는 길의 중간에 있었다. 그들은 물병과 부채를 사람들에게 나눠주거나, 잔디 위에 놓고 앉을 수 있는 간이의자와 양산들을 제공하였다. 물과 부채, 의자, 양산을 제공하는 회사는 홍보효과를 거둘 수 있었고, 그 시가행진을 보러 온 손님은 그 교회가 좋은 일을 하는 것으로 인식하게 되었다.

행사의 시기는 대단히 중요하다. 우리가 카손 밸리 지역에 도착했을 때 그 시의 다른 한쪽에 있는 교회는 수년 동안 할로윈 때 추수감사축제를 개최하고 있었다. 그들의 축제는 매우 성공적이었고, 우리 교회 성도들도 많이 참석했다. 우리는 그들과 경쟁할 필요를 찾지 못했으며, 우리 성도는 수년 동안 그 행사에 참석했었다. 그러나 얼마 후 사람들이 나에게 "그 행사는 매우 훌륭하지만 여기서 너무 멀어요. 우리 교회에서 추수감사축제를 가지는 것이 좋을 것 같은데요"라고 말했다. 우리는 그것을 두고 기도하기 시작했고 결국 우리 자신의 추수감사축제를 가지기로 결정했다. 그 결과 우리는 훌륭한 추수감사축제를 가질 수 있었고, 다른 교회에서 하는 축제도 여전히 성공적으로 진행되고 있다.

모든 파트너 관계는 교회의 핵심 목적인 선교, 제자 양성, 예배, 친교, 봉사 중 하나와 연결되어야 한다. 우리는 여러 가지 아이디어를 생각할 수 있지만 주님이 우리에게 주신 목적과 비전에 행사가 크게 공헌할 수 있다고 확신하기 전까지는 일을 지나치게 벌이지 않는다. 이러한 생각은 우리가 일을 하는 과정에서 길잡이 역할을 함으로써 우리가 행사를 개최하는 이유를 잃어버리지 않도록 돕고 있다.

모든 행사에는 교회 리더나 성도들이 적극적으로 참여토록 하고 있다. 실제로 파트너 관계를 통한 행사는 성도들이 처음으로 봉사에 관여토록 하는 좋은 방법이다. 모든 파트너 관계와 행사는 전도, 리더십 계발, 팀워크 훈련 등의 여러 가지 목적을 가지고 있다.

세미나만으로는 사람들에게 영적 은사를 가르치는 데 큰 성공을 거두기 어렵다. 그것은 사람들에게 도움을 주고 가르치는 데 효과가 있지만, 대부분의 사람들은 실제로 사역에 동참하지 않으면 그들의 열정을 발견하기 어렵다. 단기 선교 여행에의 참가, 전략적 파트너와의 공동 행사는 성도들이 그리스도를 위한 자신의 능력을 사용하는 좋은 경험이 된다. 실제 사역경험은 사람들이 자신의 영적 은사를 발견하고 계발하는 데 중요한 역할을 한다.

미국의 많은 교회 리더들은 매우 친절하고, 신실하지만 그들은 여러 세대에 걸쳐 해온 방식대로 똑같이 일을 되풀이 하고 있다. 지역사회에 있는 기관들과 함께 동역하는 것은 정형화된 방식으로 일하는 것에서 벗어나 보다 큰 꿈을 꾸도록 도와준다.

우리가 사는 지역의 몇몇 교회들은 우리 교회가 하고 있는 것에 대해 못마땅해 한다. 그들은 사역의 창조적인 접근을 보고 우리가 복음을 값싸게 만들거나 무슨 마술을 부려 사람들을 교회로 몰리게끔 하는 것이 아닌가 하며 지켜보고 있다. 그러나 우리가 하는 것을 그들이 좋아하든 말든 그들은 우리 교회가 지역사회에서 파트너를 선정하는 데 높은 기준을 설정하고 있다고 말할 것이다. 우리는 매우 창조적이고 개척자 정신을 가지고 있으며 불신자들에게 복음을 전하기 위해 사용할 수 있는 모든 자원을 이용한다. 우리는 다른 사람들보다 덜 똑똑하고, 다른 사람들보다 능력이 부족하다. 그러나 하나님은 우리가 위험을 감수하고서라도 새로운 방법으로 사람들에게 접근하는 비전을 주셨다.

기록을 세우기 위해 우리는 복음을 값싸게 만들지는 않는다. 우리는 복음을 건강박람회 같은 행사로 만들기를 원하지 않는다. 그와 같은 행사는 전도를 위한 목적이다. 마치 씨를 뿌리기 전에 밭을 가는 것과 같다. 예수 그리스도의 은혜의 씨를 뿌려야 할 때 우리는 결코 물러서지 않는다. 우리는 자주 그렇게 하고 있고, 그것을 잘 하고 있다고 믿는다.

우리는 전략적 파트너 관계를 통해 교회 스스로 행사를 치르는 것보다 더 많은 일을 할 수 있다. 그리고 불신자들과 더욱 긴밀한 관계를 유지할 수 있다. 우리 교회의 경우 2,000명의 사람들이 행사에 참석한 경우 약 1,500명이 교회에 다니지 않는 사람들이었다. 우리는 행사를 통해 1,500명의 새로운 사람들에게 교회에 대한 긍정적인 인상을 심어주었다. 그들 중 일부는 다음 주 우리와 함께 예배를 드리는 사람도 있고, 일부는 수개월이 지난 후 다른 행사 때 나타나기도 하고, 또 다른 사람은 인생에서 위기를 겪을 때까지 전혀 교회에 나오지 않을 수도 있다. 그들은 인생에서 가장 중요한 위기의 순간에 "그 교회 성도들이 그 때 나에게 잘 대해주었다. 지금 그들의 도움이 필요하다"라고 생각할 것이다.

우리 모두는 인생을 살아가면서 어려움을 겪는다. 인생이란 원래 그런 것이다. 파트너 관계를 통해 우리는 큰 행사를 자주 가질 수 있게 됨에 따라 더 많은 불신자들에게 다가갈 수 있다. 언젠가 그런 행사를 통해 교회에 처음 나왔던 사람들이 영적으로 궁금한 점이 생기거나 특별히 도움이 필요할 때 교회를 찾게 될 것이다. 그날에 그들은 교회로 나와 그리스도의 말씀과 사랑과 도움을 발견하게 될 것이다.

우리는 또한 파트너 관계를 통해 사람들을 보다 전략적으로 활용하여 지역사회에 대한 영향력을 증대시킬 수 있다. 병원은 건강박람회를 위해 우리 교회와 보조를 맞추었다. 우리는 사람들을 지원하는 노력을 통해 병원이 가지고 있던 직원과 자원, 지역사회에서의 명성 덕분에 큰 성과를 거두었다.

여러분의 교회에는 지역신문사나 유선방송국, 잡화점, 놀이공원, 자동차 판매소 등에서 일하는 사람들이 있을 것이다. 여러분은 현재 교회가 필요로 하는 일과 교회 성도와의 연결 고리를 찾음으로써 파트너 관계를 발견할 수 있다. 하나님은 어떤 방식으로든지 여러분이 생각한 것보다 훨씬 많은 자원을 제공해주실 것이고, 그러한 파트너십은 지역사회에서 여러분의 교회의 영향력을 증대시킬 것이다.

새로운 사고방법

리더십 네트워크에서 만든 자료를 통해 지역사회의 필요를 채워주기 위한 파트너 관계의 창조적이고 전략적인 사용에 관해 알아보자. 리더십 네트워크의 선교 네트워크 책임자인 크리스천 워싱턴은 미국을 대표하는 교회들에서 나타나고 있는 중요한 변화에 대해 다음과 같이 언급하였다.

• 지역사회와 담을 쌓기보다는 가교를 건설하기 시작했고

• 교회에 참석하는 성도 수를 헤아리기보다 사회에 미치는 영향력을 생각하고

- 성도들이 예배에 참석토록 격려하던 것에서 성도들이 봉사하는 일을 할 수 있도록 훈련시키고

- 자기중심적인 사고에서 다른 사람들을 섬기는 자세로 바뀌었고

- 다른 기관에서 하고 있는 봉사와 사역을 재판하기보다는 그런 봉사와 사역을 하고 있는 기관과 파트너 관계를 가지고

- 시 당국을 비난하는 대신 시 당국을 위해 축복하고 기도하고

- 성도들의 목자 역할에 머무는 대신 지역사회의 목자 역할을 감당하고 있다

위에서 언급한 원리들은 우리들의 시선을 자신에게서 벗어나 다른 사람들이 필요로 하는 일에 모으도록 만들었다. 이러한 문제들에 대해 설명하는 것은 오늘날 우리 사회에 보편적인 "나는 좀 더 대우받을 자격이 있다"라고 생각하는 풍조에 대해 다시 한 번 돌아보는 기회를 제공할 것이다.

찰스 시케스는 《희생자의 국가 *A nation of victim*》라는 저서에서 교회를 포함한 우리 사회의 모든 기관에서 지위가 얼마나 중요한 기준이 되는지 묘사하고 있다. 여러분의 교회는 자기만 손해보고 있다는 생각을 하는 사람들이 가득한 이 어두운 시대에 빛과 희망의 역할을 감당할 수 있다. 어떤 사람은 분명히 희

생당하고 있을 수 있지만 그들은 계속 희생자의 위치에 머무를 필요가 없다. 십자가가 전하고 있는 영광의 메시지는 예수 그리스도가 우리들의 영혼을 구원하셨고 마음을 채우시며 죄를 용서하시고 상처받은 자를 치유하시고 삶을 변화시키신다는 것이다.

오늘날 교회의 가장 위대한 메시지 중 하나는, 우리가 상처받을 수 있지만 예수 그리스도 안에서 희망과 치유를 발견할 수 있다는 것이다. 하나님은 우리 인생을 위해 원대한 계획을 가지고 계시고, 모든 사람에게 복 주시기 위해 우리 각자를 사용할 계획을 가지고 계신다. 우리는 그와 같은 엄청난 복을 받을 자격이 전혀 없는데도 주님을 통해 하나님의 한량없는 은혜를 경험할 수 있다.

지금까지 말한 것을 요약하면 다음과 같다. 하나님의 크신 은혜는 여러분과 나의 삶을 변화시키셨고 우리는 그분이 다른 사람들의 삶도 그렇게 하시기를 원하고 계신다는 것을 깊이 느낄 수 있다. 우리는 지역사회가 필요로 하는 것에 대해 좀 더 잘 알게 되고, 하나님이 그러한 필요를 채우시기 위해 우리를 사용하기를 원하신다는 열정에 사로잡힐 때 우리는 그 일을 이루는 데 필요한 모든 가용 자원들을 찾게 될 것이다. 우리는 올바른 행사를 위해 전략적 파트너로 함께 동역할 바른 기관을 현명하게 선택할 필요가 있고, 우리는 그 행사를 교회의 중요 목적과 연결시켜야 한다. **우리는 하나님을 위해 그분의 손안에서 효과적인 도구가 되기 위해 전략적이고 창조적으로 생각할 필요가 있다.**

1. 여러분의 지역사회가 필요로 하는 세 가지 사항은 무엇인가요
   (결혼, 자녀양육, 재정, 음식 및 숙소, 인생의 목적, 범죄, 건강 등)?
   그러한 필요에 대해 여러분들이 도울 수 있는 방법에는 어떤 것
   이 있을까요?

2. 지역사회가 필요로 하는 것을 채워 주기 위해 현재 활동 중인 기
   관(기업, 비영리조직, 정부조직 등)을 열거해 보세요.

3. 지역사회에서 활동 중인 언론에는 어떤 것이 있나요?

4. 앞에서 열거한 기관이나 지역언론과 관련을 맺고 있는 성도들이
   교회에 있나요?

5. 전도, 리더 양성, 봉사 등과 같은 교회의 목적을 달성하기 위한
   행사들에는 어떤 것이 있을까요?

신앙을 심어주는 행사를 기획하라

그날에 예수께서 집에서 나가사 바닷가에 앉으시매 큰 무리가 그에게로 모여 들거늘 예수께서 배에 올라가 앉으시고 온 무리는 해변에 섰더니 예수께서 비유로 여러 가지를 저희에게 말씀하여 가라사대

| 마태복음 13 : 1~3 |

왜 대규모 행사를 기획하는가?

성령의 역사는 매우 개인적인 것이다. 우리 각자는 개인적으로 복음을 영접하도록 초대받는다. 우리의 부모가 우리를 위해 그리스도를 대신 믿을 수 없다. 그리고 우리의 배우자나 자녀, 친구가 대신 해줄 수 없다. 우리 각자는 개인적으로 주님께 나아가야 한다.

그러나 복음은 종종 많은 청중들을 대상으로 증거된다. 복음서에는 예수께서 '군중'이나 '무리'들에게 말씀하시는 장면이 여러 차례 나오고 있다. 그분은 유대의 산중턱이나 해변, 회당의 뜰 등에서 그분의 말씀을 듣고 싶어하는 사람들에게 희망과 화해의 말씀을 선포하셨다. 대규모 행사는 그분의 사역활동의 중요한 부분이었고 그분의 그와 같은 사역은 그의 제자들에게까지 이어졌다.

초대 교회에서는 성령이 모인 무리들 가운데 임하였다. 누가는 3,000명이 베드로의 설교에 감동을 받아 세례를 받았다고 기록하고 있다. 그 이후에도 많은 사람들이 제자들의 설교를 듣고 믿음을 가지게 되었다. 믿는 무리의 수가 늘어나자 제자들은 집사와 장로를 세워 교회의 리더십을 재구축하게 되었다. 수년이 지나서 바울의 사역은 회당이나 도시의 광장에 모인 많은 무리들에게 설교하는 대중 집회의 특성을 지니게 되었다.

교회의 지나온 역사를 보면 우리는 대중들에게 설교한 경우를 수없이 살펴볼 수 있다. 조나단 에드워드의 조지 화이트필드를 예로 들면, 그들은 미국의 대각성운동의 시기에 야외나 교회에서 수천 명에게 설교를 했다.

20세기에 들어와서도 유명한 기독교 설교가들은 그리스도의 복음을 수백만의 불신자들에게 증거하기 위해 대규모 행사를 이

끌었다. 존 모트는 코넬 대학을 우등으로 졸업하였다. 대부분의 젊은 크리스천처럼 그는 그리스도의 이름을 전혀 들어보지 못한 사람들에게 복음을 증거하겠다는 소망을 강하게 품게 되었다. 수십 년 동안 그는 학생자원운동(STUDENT VOLUNTEER MOVEMENT)의 지도자로 섬겼는데 그 단체는 역사상 가장 큰 선교단체의 하나로서 약 30,000명의 우수한 젊은 남녀들이 해외선교의 꿈을 가지고 명예와 부를 멀리한 채 선교활동을 하도록 이끌었다.

그 시대에 존 모트는 인도나 중국에서 수만 명의 사람들에게 설교했다. 그의 메시지는 종종 마이크 시설도 없는 야외에서 네 시간 이상씩 지속되었다. 종종 그의 청중들은 그가 설교를 계속하도록 요청했다. 몇 시간의 설교 후에도 그들은 계속에서 그들에게 복음을 증거해주도록 소리쳤다.

모트의 열정은 예수 그리스도께로부터 나왔다. 그는 선교와 리더십 훈련을 결합하여 젊은 리더들을 그가 가는 모든 곳에 데려갔으며 하나님 나라를 확장하는 데 열정과 지혜, 전략을 보여주었다. 모트의 영향력은 매우 광범위하고 커서 우드로우 윌슨 *Woodrow Wilson* 대통령은 그를 주중미국대사로 임명하려고 하였다. 모트는 대통령의 제의에 감사를 표하고 "위대한 소명이 우선한다는" 말로 그 제의를 거절했다.

역사상 가장 뛰어난 선교운동 중 하나를 오랫동안 이끈 후 모트는 1946년에 세계 전역에 걸쳐 사람들에게 큰 영향을 미친 공로를 인정 받아 노벨평화상을 수상했다. 1954년 그는 마지막으로 개최한 대중집회에서 많은 사람들 앞에서 연설하기 위해 일어섰다. 청중들은 긴 설교를 기대했으나 그는 단지 "여러분 존모트가 죽었을 때 그를 복음 전파자(evangelist) 중 한 사람으로 기억해달라"고 말했다.

모트는 '복음 전파'와 '리더 양성'이라는 두 가지 목표를 가지고 세상 사람들에게 나아갔다. 그가 훈련시킨 젊은 남녀들이 그의 사역모델을 추종했다. 그들은 처음에는 힘들지만 결국에는 전략적인 계획, 조직, 실행, 대규모 행사의 과실들을 추수하는 사역을 목격했다. 모트의 제자들은 그의 본보기를 따라서 예수의 이름을 전혀 모르던 수백만의 사람들에게 복음을 증거했다.

사람들은 대규모 행사가 그것을 준비하는 사람에게 자만심만을 불러일으켜준다고 생각할 수도 있다. 물론 대규모 집회를 개최하는 사람들 중에는 예수님 당시 바리새인이나 현대의 많은 유명한 인물들의 경우처럼 그 동기를 의심할 만한 사람들도 있을 수 있다. 그러나 대규모 행사를 거부할 이유는 전혀 없다. **하나님에 대한 열정과 선한 믿음이 우리들의 마음을 감동시킬 때 하**

나님의 사랑의 불꽃이 우리의 동기를 순수하게 만드시고, 우리는 그분이 원하시는 것을 점차 하게 될 것이기 때문이다. 예수와 바울은 사람들이 그들에게 올 때까지 항상 기다린 것은 아니었다. 종종 하나님의 사랑은 그들이 대중들에게 나아가 말씀을 선포하도록 만드셨다.

우리 교회와 다른 교회, 선교단체에서 여는 대규모 행사는 사역에 큰 영향력을 미치고 있다. 대규모 행사를 통한 복음 전도는

- 사람을 변화시키는 복음의 능력으로 많은 사람들에게 말씀을 전할 수 있고

- 관련된 사람들의 믿음을 북돋우고 비전을 공유하고

- 현재의 리더들이 자신의 능력을 발전시킬 기회를 제공하고

- 많은 사람들이 그리스도와 사람들에게 봉사할 기회를 가질 수 있고

- 행사의 성공을 위해 함께 동역하는 사람들 간에 팀워크를 심어주고

- 지역사회의 필요를 채워줌으로써 교회에 대한 긍정적 인식을 심어주는 역할을 수행한다.

위와 같은 혜택은 노력을 기울일 만한 가치가 있다. 하지만 그것들은 리더들이 그 행사를 현명하게 계획·실행하고 열정과 분명한 목적, 은혜를 가지고 솔선수범하며 모든 교회 성도들의 참여와 기쁨을 가져올 때만 가능한 것이다.

어떤 교회 지도자들은 나에게 신앙에 기초한 행사를 기획하고 실행하는 데 따른 위험 때문에 주저한다고 말했다. 어떤 사람은 실패에 대한 두려움으로, 어떤 사람은 이미 존재하고 있는 일만으로도 벅차서 더 이상의 짐을 감당할 수 없다고 말했다. 어떤 이는 자만심이나 부끄러운 마음으로 갈등을 겪기도 했다. 어떤 리더들은 행사가 성공해서 자신들에게 관심이 집중되고 교만해지지 않을까 두려워하기도 했다. 그러나 우리는 예수님을 직접 대면할 때까지 평생 타락한 본성과 불순한 동기와 싸워야 한다. 우리는 이와 같은 인생을 살고 있기 때문에 동기가 의심스럽다는 것을 알고 뒤로 물러서거나 아니면 하나님의 영광을 위해 우리의 본성과 싸워 이기든지 둘 중 하나를 선택할 수 있다.

오스왈드 샌더서는 개인적인 명예를 추구하는 대신 하나님에게 영광을 돌리는 일관성 있고 유효한 방법을 계발한 19세기 스코틀랜드의 한 목사 이야기를 들려준 적이 있다. 샌더서는 "로버트 머래이 맥케인은 그의 사역에서 하나님의 축복을 경험했을 때마다 예배를 마치고 집으로 돌아와서는 주님 앞에 무릎을 꿇고 상징적으로 성공의 왕관을 주님의 머리 위에 씌워드렸다. 이러한 연습을 통해 그는 하나님에게 속할 영광을 자신이 차지하는 교만에 빠질 위험에서 벗어날 수 있었다."

이러한 단순한 행동은 맥케인의 하나님에 대한 감사의 표시였다. 그리고 그것은 사람들의 삶을 위해서 사용할 재능을 하나님이 그에게 주셨다는 사실을 다시 한 번 깨닫게 해주었다. 우리가 대규모 행사를 준비할 때 우리의 동기를 주의 깊게 살펴보아야 한다. 우리는 이러한 행사를 가능한 많은 사람들에게 예수님의 희망의 메시지를 증거하고, 위험을 감수하고서라도 하나님의 나라를 확장하기 위해 노력하는 리더들을 세우고, 예수 그리스도께 영광을 돌리기 위해 기획하고 실행해야 한다. 주님이 우리의 노력을 축복해주시기 때문에 우리는 우리들의 말에서 내려 주님의 머리 위에 승리의 왕관을 씌워드려야 한다.

교회가 가진 장점을 활용하라

모든 교회는 각기 개성을 지니고 있다. 목사가 그곳에서 오랫동안 목회를 했더라면 교회의 개성은 대개 목사의 개성을 반영한다. 마찬가지로 모든 교회는 특별한 장점을 가지고 있고, 그러한 장점은 항상 교회가 준비하는 대규모 행사의 성격이나 방향을 결정한다.

어떤 교회는 성경에 대해 매우 강조하는 것으로 알려져 있는데 그런 교회의 행사는 아마 성경 관련 컨퍼런스가 될 것이다. 다른 교회는 약물 중독자의 치유사역에 매우 관심이 많은데 그런 교회는 대규모 신유집회를 주최할 것이다. 다른 교회들은 좋은 음악이나 드라마에 관심이 많을 수도 있다. 또는 윌로우 크릭 교회나 새들백 교회처럼 담임목사의 목회철학이 교회 지도자를 훈련시키는 데 재능이 있을 수도 있다.

개별 교회의 특별한 개성이 무엇이든 간에 우리는 잃어버린 영혼을 구원할 공통의 목적을 가지고 있다. 매년 한 교회가 후원하는 대규모 행사는 그 특별하고도 중요한 목적에 충실해야 한다. 교육, 회복 또는 담임목사의 다른 '개성'은 전도 목적에 맞게 변형시킬 수 있다. 예를 들어 성경말씀 교육에 강점을 지닌 교회는 존 파이퍼 목사를 초청한 집회를 개최할 수 있다. 집회의 제목은 많은 사람들에게 호소하는 것으로 선택하고, 모든 지역사회 주민들을 초청할 수 있다. 교회는 집회 내용에 대해 강사와 분명하게 대화할 필요가 있고, 교회에 나오지 않는 사람들도 집회에 초청할 수 있다.

우리 교회는 단지 5%의 사람들만 정기적으로 교회에 다니는 지역에 위치해 있다. 우리 교회의 주요 행사는 대부분 전도에 집중하고 있다. 우리는 하나님의 인도에 따라 매년 네 차례 가능한 한 많은 사람을 초청하는 데 집중하고 있다. 우리는 그들에게 가장 매력적인 프로그램을 만들려고 노력하고 있다. 그 네 차례의 행사는 독립기념일 축하행사, 추수감사축제, 크리스마스, 부활절 행사이다. 그러나 이 외의 다른 공휴일도 대규모 행사를 개최하여 지역사회에 전도할 수 있는 좋은 기회다.

나의 동생 진은 카손 밸리 지역에서 교회 개척에 합류하기 전까지는 다니고 있던 교회의 행사를 기획하는 일을 했다. 그는 당시 어머니날을 전도 기회의 하나로 활용했다. 바나는 어머니날이 가족들이 함께 교회에 나가기 좋은 날로서 부활절이나 크리스마스와 필적한다고 믿고 있다. 만약 가족이 함께 그날 교회에 가기를 어머니가 원하면 가족들은 그렇게 할 것이다. 그날은 여러분의 교회가 가정을 소중히 여긴다는 사실을 지역사회에 보여줄 수 있는 좋은 기회이다.

나는 독립기념일 행사와 추수감사축제에 대해 자세히 설명했다. 이제 다른 두 가지 중요 행사에 대해 설명하려고 한다. 예배에 참석하는 사람의 숫자에 관계없이 미국의 모든 지역사회에서 사람들은 가족에 대해 따뜻한 감정을 지니고 있고, 크리스마스와 부활절의 중요성에 대한 믿음을 가지고 있다는 것을 우리는 알고 있다. 그들이 매년 다른 날에는 교회에 가지 않는다 하더라도 이 두 날은 중요하다고 생각하고 있다.

오늘날 포스트 크리스천 문화는 사람들이 이러한 행사의 실제적 의미에 대해 알지 못하도록 만들었다. 그러나 그렇다고 해서 사람들이 교회에 가는 것을 완전히 막지는 못했다. 그래서 우리는 이러한 행사를 계속하고 있으며 교회 성도들에게 이웃이나 가족, 친구들을 초청하도록 권면하고 있다. 그들은 지역사회의 모든 사람의 손에 유인물을 보내고, 교회 문을 들어서는 모든 사람을 반갑게 맞이하고, 가장 멋있는 음악과 드라마를 제공하고, 참석한 모든 사람과 대화를 나눈다. 이러한 노력은 많은 계획을 필요로 하고, 집행과 땀을 필요로 하지만 그것은 그렇게 할 만한 충분한 가치를 가지고 있다.

아울러 우리는 매년 특별한 성경 주제를 가지고 여러 차례 내부 집회를 개최한다. 이전에는 새들백 교회의 '40일간의 모험'을 본받아 사람들에게 신앙생활을 어떻게 해야 하는지 가르쳤고, 이어서 '부활절 30일' 프로그램을 따라서 그리스도의 수난과 희생에 대해 가르쳤다. 물론 부활절은 부활절 주일이 정점인데 그날은 지역사회에서 온 많은 사람들로 교회가 가득 찬다. 실제로 부활절 주말에는 주일 평균참석자의 2.5배나 되는 사람들이 참석하고 있다.

우리는 침례 예식을 우리 교회를 위한 특별행사로 사용하고 있다. 예전에는 단지 소수의 사람들만이 참석한 가운데 뜨거운 욕조나 수영장을 빌려 침례를 주었다. 그러나 변화된 사람의 간증이 매우 큰 영향을 미치는 것을 발견하고, 침례 예식을 교회 행사의 가장 주요한 부분으로 삼았다. 지금은 강단에 욕조를 만들어 그곳에서 침례를 행하고, 예식 중에 간증하는 순서를 갖는다. 나는 침례를 중요시하지만 그것을 약간 일상적인 것으로 여기는 전통에서 신앙생활을 했다. 그러나 우리 교회에서는 침례는 더 이상 일상적인 것이 아니다. 그것은 모든 사람들이 기쁘게 참석하는 파티가 되었다. 사람들은 개인의 삶을 변화시킨 성령의 역사를 기념한다. 이러한 행사가 만들어내는 즐거움은 또 다른 행사를 기대하게 만드는 결과를 가져온다.

대부분의 경우에 교회 내에서 큰 집회를 가지는 것이 현명하지만 때때로 교회가 아닌 곳에서 가지는 것이 훨씬 효과적일 때도 있다. 텍사스 오스틴에 있는 한 교회는 6주 동안 매주 목요일 하얏트 호텔의 연회장을 빌려 '인생의 목적을 찾아서' 라는 특별 집회를 가졌다. 그들은 신문에 광고를 내고 특별히 기업인과 전문직업인을 대상으로 지역주민들을 초청하였다. 그것은 큰 성공을 가져왔다. 매주 참석자들의 수가 늘어났고 사람들의 관심은 확산되었다. 이와 같은 성공은 사람들이 찾아오기 쉬운 장소에서 그들의 관심을 끄는 적합한 주제를 가지고 집회를 개최하였기 때문에 가능했다.

우리 교회 지도자들은 또한 '우먼 오브 페이스(Women of Faith : 기독교 여성단체)' 나 '프라미스 키퍼스(Promise Keepers : 기독교 남성단체)' 에서 주관하는 대규모 집회에도 협력하고 있다. 우리는 개인이나 지역사회를 위해 영적인 노력을 기울이는 단체들의 활동을 지지한다. 우리는 이러한 행사에 사람을 보낼 때 그들이 하나님과 의미 있게 만날 수 있도록 기도하고, 그들 주위에 있는 사람들과 교제할 수 있도록 기도한다. 그리고 하나님이 그분의 자비로운 목적을 완수하기 위해 그들의 삶에 깊이 관여하시기를 기도드린다.

오늘날 목사나 교회 리더들이 모든 연령층을 대상으로 하거나, 사람들의 모든 욕구를 위해 수고할 필요는 없다. 많은 기독교 단체들이 개인의 신앙을 북돋우는 집회를 개최함으로써 지역교회를 돕고 있다. 우리는 그러한 기관을 현명하게 선택해서 사람들에게 알려줄 필요가 있다. 그러면 사람들이 행사에 참석하여 하나님께로부터 마음의 감동을 받은 후 교회에 돌아와서 아름다운 결실을 맺는 것을 보고 즐거워할 수 있다.

교회는 사람들에게 큰 비전을 심어주고, 지역사회의 필요를 충족시켜주는 대규모 집회를 개최하는 역할을 포기해서는 안 된다. 그렇지 않으면 교회는 좋을지라도 성도들이 새롭고 신선한 영적인 활력을 얻기 위해 다른 곳으로 가게 되는 이상한 현상이 일어나게 된다. 얼마 가지 않아 교회의 명성과 역할과 권위는 약해진다.

교회가 개최하는 내부 행사도 대부분 전도를 위해 자연스럽게 활용할 수 있다. 예를 들어 어떤 교회는 제임스 돕슨 목사의 '자녀양육 프로그램' 을 채택하여 집회를 개최하였다. 그 교회의 많은 부모들이 이 집회에 참석하기 위해 그들이 참석하고 있던 다른 성경공부반을 떠났다. 그것은 그 주제가 그들에게 매우 중대했기 때문이다. 그러나 이 교회의 지도자들은 전도를 위해 그 프로그램을 이용하는 기회로 활용하지 못했다. 그 지역의 수천의 다른 부모들은 자녀들을 키우는 데 다른 교회 성도들처럼 깊은 관심을 가지고 있다. 그 프로그램은 찾아온 사람들에게는 큰 성공을 거두었지만 지역사회 전체를 대상으로 했더라면 보다 큰 영향을 끼칠 수 있었을 것이다.

모든 지역사회의 가정은 결혼, 자녀양육, 재정, 삶의 목적과 의미의 발견 등에 관심을 가지고 있다. 교회가 이러한 것에 대해 관심을 가져야 하는가? 물론 말할 필요도 없다. 교회는 이러한 주제에 대한 강좌를 개최하여 전도의 수단으로 활용해야 한다. 물론 혁신적 사고를 가진 기업가들은 교회가 이러한 행사에 많은 사람들이 모일 수 있도록 하는 방법을 찾을 수 있도록 도와주어야 한다.

앤디 스탠리는 애틀랜타에 사는 목회자인데 창조적인 목회에 대한 필요성에 관해 많은 글을 썼다. 그는 교회가 성도들의 인간관계 향상에 시간과 노력을 들일 필요가 있고, 사람들의 삶을 변화시킬 수 있는 행사에 많은 사람들을 초대할 필요가 있다고 말했다. 많은 교회 성도들이 교회 안에서만 활동하며, 불신자들과는 의미 있고 진실한 인간관계를 맺지 못하고 있다. 그러나 성도들과 불신자들이 의미 있는 인간관계를 맺고 있을 때 우리는 불신자들의 필요를 채워주는 교회행사를 개최하여 그들을 초청할 수 있다.

교회 리더의 중요한 역할 중 하나는 사람들이 관심을 가지고 있고, 그들의 삶을 변화시킬 수 있는 집회를 제공하는 것이다. 그러면 사람들은 그들의 친구를 초대할 것이다. 우리는 가장 먼저 교회 성도들에게 큰 영향을 끼쳐야 한다. 그들이 먼저 교회 집회의 결과에 대해 자신감을 가질 때 친구들을 초청할 것이다. 이러한 이유로 처음에는 집회에 교회 성도들이 주로 참석할 것으로 기대하라. 그들의 신뢰가 쌓이면 그들은 많은 사람을 초청할 것이다.

지역사회에 전도하고 리더를 세우기 위해 대규모 행사를 사용하는 것은 여러분이 기대하지 못한 긍정적인 결과를 가져올 수 있다. 예를 들어 우리 교회는 작품 전시회를 개최했다. 지역의 많은 예술가들이 그들의 작품을 전시했고 많은 사람들이 그 행사에 참석하기 위해 교회를 찾아왔다. 이것은 그 자체로 큰 성공이었다. 그러나 덤으로 교회는 창조성을 인정해주는 기관으로 명성을 얻게 되었고, 예술가들과 예술을 감상하려는 사람들이 교회에 출석하기 시작했다.

교회 지도자들은 어떤 집회를 가져야 할지, 어떤 집회에 성도를 보내야 할지 어떻게 알 수 있는가? 대답은 그들이 성령의 인도하심을 따라 하나님의 뜻을 어떻게 잘 분별할 수 있느냐에 있다. 우리가 기도하다 보면 하나님이 우리 속에 사람들의 필요를 충족시킬 열망을 심어줄 것이다. 복음을 많은 사람들에게 전하고자 하는 열망과 리더들을 키우려는 열망이 우리로 하여금 대규모 집회를 가지도록 만들 것이다. 나는 모든 교회의 성도들이 예수 그리스도를 위해 변화를 이루고자 하는 마음을 가지고 있다고 확신한다. 그러나 그들 중 많은 이들이 그러한 꿈을 꾸고 계획하며 일할 자유를 느끼지 못하고 있다. 교회의 리더로서 우리가 먼저 수천의 사람들에게 복음을 증거할 계획을 가지고, 큰 꿈을 꿀 책임이 있다. 우리가 그렇게 함에 따라 교회 성도들이 똑 같은 꿈을 꾸고 계획을 세우는 일에 동참할 것이다.

어떤 교회들은 너무 많은 대규모 집회를 가지려고 노력한다. 그들의 생각은 바른 것이기는 하지만 전략적으로 접근할 필요가 있다. 성과가 좋지 않는 대규모 집회를 많이 가지는 것보다는 횟수는 많지 않더라도 성과가 있는 집회를 가지는 것이 좋다. 처음에는 여러분이 활용할 수 있는 자원이 제한된 것을 깨닫고 지역사회에 여러분이 전하고자 하는 메시지의 핵심내용을 전달할 수 있는 두세 차례의 행사에 집중하는 것이 좋다. 여러분의 에너지를 그 행사에 집중하라. 그 행사들을 불신자에게 복음을 전하는 데 사용하고, 영적 지도자들을 세우는데 사용하라. 은사를 가진 성도, 재정, 장소 등 여러분이 사용할 수 있는 자원이 늘어남에 따라 하나님에게 다른 행사를 주시도록 간구하고 그것을 좋은 성과를 낼 수 있도록 추진하라. 여러분이 카손 밸리 지역에 사는 사람들에게 카손 밸리 크리스천 센터에 관해 물어본다면 그들은 두 가지 사실을 말해 줄 것이다. 그 교회는 즐거운 일로 가득 찬 대규모 집회를 가지는 교회라는 것과 예술에 관해 큰 관심을 가지고 있는 사람들이 많다는 점이다. 이러한 특징은 이 지역 사람들에게 매우 매력적인 것이다.

소문이 나게 하라

우리 교회는 매 행사, 매 활동을 전도의 수단으로 사용한다. 물론 특별히 교제를 목적으로 한 집회도 있다. 매년 한 차례 우리는 교회 성도들을 위한 대규모 교제 집회를 가진다. 우리는 서로 서로를 향한 관심과 사랑의 교제에 집중한다. 우리는 여름에는 타호 호수에서 특별 침례 집회를 가진다. 그것 또한 우리 교회 성도들을 위해 준비한 것이다. 이 두 행사를 제외하면 우리는 매 활동에 전도를 위한 내용을 첨가한다. 모든 행사를 위한 우리의 계획과 기도는 카손 밸리 지역의 불신자들에게 복음을 전하는 데 바쳐진다.

행사에 관해 사람들에게 알리는 가장 효과적인 방법은 감동을 받은 사람들이 직접 전하는 말이다. 미소 띤 얼굴과 반가운 초대는 어떤 마케팅 수단보다 효과적이지만 하나님은 이러한 직접적이고 대면적인 방법 외에 다른 홍보 수단도 허락하셨다.

카손 밸리 지역에 사는 가정의 80%가 지역 신문을 보고 있기 때문에 우리는 교회 행사를 알리기 위해 신문 광고 대신 신문 사이에 끼워넣는 전단지를 사용한다고 말했었다. 내가 남 캘리포니아에 살 때는 그런 방법을 사용하지 않았는데, 그 이유는 그 지역사람들은 신문에 간지로 들어 있는 광고물을 읽지 않는 것처럼 보였기 때문이다. 마찬가지로 지역 케이블방송은 카손 밸리 지역에서도 효과적인 마케팅 수단이지만 미국의 다른 지역 만큼 효과적이지는 않다.

그러므로 지역사회의 사정에 맞게 홍보 전략을 수립하라. 여러분이 방송 광고에 10,000달러를 사용했다 하더라도 교회 성도들이 행사에 열심을 내지 않는다면 그 돈은 낭비한 것이다. 여러분이 첫 번째 해야 할 일은 행사에 대한 비전을 성도들과 함께 공유하는 것이다. 그런 후에 유인물과 다른 홍보수단을 덧붙이면 훨씬 효과적일 것이다.

대부분 목사들이 홍보에 대한 지식이 부족하지만 성도들 중에는 홍보관련 지식이나 경험을 가진 사람들이 있을 수 있다. 내 친구 앤디 봄 스티그는 캘리포니아 산타 로사 지역에 있는 뉴 빈티지 교회의 목사이다. 앤디는 교회 행사를 위한 홍보물을 디자인하는 데 자기를 도와줄 사람을 찾고 있었다. 몇 차례 문의를 통해 그는 자기 교회를 위해 홍보물을 디자인하고 홍보해줄 마케팅 경력을 가진 다섯 명을 찾았다. 그 사람들은 아마도 하나님이 자신들이 가진 기술을 사용해줄지 의문을 가졌을 것이다. 목사가 그들을 발견하고 그들이 가진 재능을 활용하도록 권면한 후 얼마 되지 않아 그들은 하나님을 기쁘시게 하고, 사람들의 삶에 큰 변화를 초래하는 데 자신들의 재능을 사용할 수 있었다. 자동차나 햄버거, 집, 기계 등을 파는 데 사용된 똑같은 재능이 지금은 하나님의 나라를 확장하는 데 사용되고 있다.

미국에 있는 대부분의 교회는 마케팅 지식을 지닌 사람을 적어도 한 사람 이상은 가지고 있다. 교회 지도자로서 우리는 그러한 사람을 발견할 필요가 있다. 그리고 그들을 권면하고 방향을 제시해주어서 창조성과 기쁨을 가지고 함께 동역하도록 할 필요가 있다. 그들이 자신의 재능과 전문성을 그리스도와 교회와 지역사회를 섬기는 데 사용함에 따라 우리는 그런 사람으로부터 많은 것을 배울 수 있다. 여러분은 그와 같은 마케팅 전문가를 직분자로 세우거나 당회나 교회 리더 모임에서 지역사회 사람들에게 접근할 수 있는 마케팅 전략을 발표해주도록 부탁할 수 있다. 그러한 시도는 여러분 모두를 위해 매우 유익할 것이다.

홍보물은 행사의 의미와 참석자들이 얻을 수 있는 혜택을 전달할 수 있도록 말들어져야 한다. 당연히 행사는 홍보를 통해 사람들에게 기대를 심어준 것 이상의 가치를 줄 수 있어야 한다. 영화 '탑건'에서 톰 크루즈는 "현금으로 바꿀 수 없는 수표는 발행하지 마라"라는 말을 듣는다. 똑같은 원리가 인생의 모든 영역에서 적용된다. 교회는 지킬 수 없는 약속을 하지 않도록 해야 한다.

교회가 "유아들을 잘 돌보겠다"고 약속해놓고서는 그것을 지키지 못할 때는 여러분은 하나님의 은혜를 지역사회에 전달할 수 있는 특권을 놓치게 될 것이다. 여러분이 대중들에게 음악이 현대적이라고 말해놓고서는 실제로는 오래된 찬송가를 들려준다면 현대적인 예배를 드리기 위해 교회에 나온 사람들은 다시는 그 교회에 나오지 않을 것이다. 그리고 그들은 주변 사람들에게 그 교회에 가지 말라고 말할 것이다. 홍보물에 실린 내용을 지키는 것은 우리가 약속한 것을 줄 수 있어야 한다는 것을 의미하고, 그러기 위해서는 많은 준비가 필요하다. 계획과 첫째 단계를 실행으로 옮긴 후에야 우리는 사람들에게 약속한 것을 제공할 수 있는지 확신할 수 있다.

예를 들어, 우리 교회의 독립기념일 축하 행사를 위한 홍보용 자료(프린트물, 라디오, 케이블 방송)에는 사람들에게 게임, 이벤트, 음악, 음식, 탈 것 등을 무료로 제공한다고 적혀 있다. 우리가 그러한 약속들을 모두 실행할 때, 사람들은 진짜로 그것을 고마워한다. 이러한 일은 많은 계획과 일을 필요로 하지만 그 결과는 많은 사람들이 행복해하고, 즐거운 대화와 전도를 위한 사전적인 정지작업의 효과를 가져다준다. 우리가 약속한 것을 분명하게 제공해준다는 사실을 사람들에게 심어줄 때 우리 교회에 대한 사람들의 신뢰도가 높아진다.

우리의 모든 홍보 노력은 지역주민들이 어떤 식으로든지 반응하도록 하는 데 집중한다. 브로슈어나 광고전단지, 라디오 광고, 케이블 TV 광고에는 지역주민을 초대하는 내용을 포함하고 있다. 우리는 홍보수단을 사용할 때 지역 주민들이 행사에 참석하는 반응을 보이도록 노력한다. 우리는 교회 성도들에게 티켓을 나눠주면서 그들이 초대하고 싶은 사람들에게 다시 전달하도록 부탁한다. 우리는 성도들에게 초대하는 손님을 위해 특별히 자리를 예약해놓도록 교회 사무실에 전화하라고 말한다. 특히 그 행사에 식사가 제공되는 경우에는 더욱 그렇다. 물론 우리는 티켓 없는 사람들도 환영한다. 그러나 티켓은 사람들에게 그들이 초대받았고, 참석하려고 마음을 쓰도록 만드는 수단이다. 우리는 지역 주민 전체를 대상으로 하는 일반적인 전도행사에서는 사람들로부터 특별한 반응을 유도하는 수단을 사용하지 않지만, 어떤 특정 그룹의 사람들을 대상으로 집회를 계획하고, 그들이 필요로 하는 것을 채워주기를 원할 때는 사람들에게 특별한 인상을 주기 위한 수단을 사용한다.

교회 행사를 하는 데는 사람들로 하여금 참석할 마음이 들도록 만드는 연결고리를 찾아야 한다. 독립기념일 행사에서 우리는 연령대별로 무엇인가를 제공하려고 했다. 그리고 우리는 그것들을 홍보용 자료에 집어넣었다. 부활절 행사시에는 우리는 많은 것을 홍보한다. 그 중에는 어린이를 위한 계란 찾기 행사도 있다. 행사에 참석한 어린이들은 숨겨놓은 계란을 찾고서는 매우 좋아한다. 많은 부모들이 자기 아이들이 계란 찾기를 좋아하는 것 때문에 부활절 축하 행사에 참여한다.

　이러한 연결고리는 사람들이 행사에 찾아오게끔 만들며 그들에게 즐거운 기대감을 주는 것이다. 그런 연결고리에는 즐거움, 의미, 음식, 다른 사람과의 교제, 영적 통찰력, 또는 행사 때 줄 수 있는 다른 어떤 것이다. 사람들이 '기대한 것보다 많은 것을 줄 때' 우리는 그들로부터 인정을 받게 된다. 특별히 우리 행사가 그들 자녀의 필요를 채워줄 때 더욱 그렇다.

행사를 통해 리더를 키워라

　교회 행사가 잘 치러졌을 때 큰 성과를 거두지만 행사에 들인 시간과 돈, 노력을 현실적으로 생각해봐야 한다. 신앙을 심어주는 행사는 지역사회에 큰 영향을 끼치지만 그 행사는 또한 리더의 시간과 참석자들이 보유한 자원을 필요로 한다. 행사를 기획하기 전 예상되는 문제에 대해 충분히 질문을 해보고, 기술과 열정을 가진 사람들로 팀을 만드는 것을 잊지 말아야 한다.

　팀의 구성은 아마도 지도자에게는 가장 중요한 일일 것이다. 그가 현명하게 사람들을 선택하면 팀은 서로 격려하며 그들이 가진 기술을 잘 결합하여 큰 성과를 이뤄낸다. 그가 잘못된 사람을 선택하거나 행사를 위한 적절한 비전을 나누는 데 실패한다면 그 결과는 신통치 않고 무기력하게 끝날 것이다. 올바른 사람을 찾기 어렵다는 점이 오늘날 지도자들이 대규모 집회를 가지는 데 주저하는 주요한 이유일 것이다.

대규모 행사는 기획하는 사람들을 신나게 만들거나, 힘 빠지게 만드는 것 중 하나가 될 것이기 때문에 목사는 행사를 준비하는 사람들의 태도를 잘 살펴볼 필요가 있다. 목사와 다른 교회 리더의 행사에 대한 생각은 행사를 준비하는 사람들의 동기부여에 큰 영향을 미친다. 어떤 교회 리더들은 교회 행사가 자신들의 사역에 오히려 방해가 된다고 생각한다. 그런 경우 행사를 준비하는 사람들은 일을 하면서도 죄의식을 느끼거나 최선을 다해 그 행사를 준비하려고 하지 않을 것이다.

반대로 교회 리더들이 이러한 행사를 지역사회에 복음을 전하고, 교회 리더들에게 필요한 지식과 믿음을 심어준다는 두 가지 목적을 이루기 위해 하나님이 주신 좋은 선물이라고 생각한다면 행사를 기획하는 사람들은 이러한 기회를 충분히 활용할 것이다. 그 행사는 자신들의 재능을 하나님의 영광을 위해 사용하는 채널이 되고, 하나님의 사랑을 지역사회 사람들에게 전하는 방법이 될 것이다.

성도들은 독립기념일 행사와 추수감사절 행사 또는 '40일간의 신앙 모험' 등을 열심히 준비하면서 서로를 이해하고, 의견이 다를 때 서로의 차이를 인정하는 법을 배우고, 팀워크의 가치를 배우게 된다. 나는 행사의 성공을 위해 성도들과 함께 밤늦게까지 열심히 일하고 난 후를 가장 좋아한다. **그때가 되면 "나는 정말 피곤하지만 하나님은 우리 안에서 그리고 우리를 통하여 굉장한 일을 하셨다"고 생각하게 된다.** 그때처럼 기분 좋을 때는 거의 없다.

대규모 행사의 부가적인 목표는 준비하는 팀을 감독하는 사람들의 지도력을 계발하고, 새로운 지도자를 찾아내고, 각 사람이 주님을 기쁘게 섬기도록 격려하는 것이다. 이러한 목표는 의도적인 노력 없이는 이루어질 수 없다. 주요 리더들은 각 사람의 역할을 생각하고 계획하며 기도해야 한다. 그리고 사람들에게 어려운 일을 감당하도록 동기부여하는 것과 그들이 자신의 재능에 맞는 곳에서 봉사할 수 있도록 일을 맡기는 두 가지를 균형 있게 해야 한다. 그러한 균형을 찾기 위해 우리는 각 각의 사람이 어떻게 동기부여 되는지, 힘든 일에 어떻게 반응하는지, 변화를 어떻게 견뎌내는지 잘 살펴보아야 한다. 사람들을 알고, 그들에게 맞는 역할을 잘 맡겨 그들이 발전적인 일을 하도록 격려하고 도전하게끔 만드는 것이 리더들의 중요한 일이며 그것이 잘 이루어질 때 즐거움이 된다.

대규모 행사는 많은 종류의 봉사 기회를 제공하기 때문에 교회에 나온 지 얼마 되지 않은 사람들도 봉사에 참여할 수 있다. 사람들은 하나님이 다른 사람들에게 복음을 전하는 데 그들을 사용하고 계신다는 사실을 처음으로 경험할 때 영적으로 자라나게 된다. 여러분은 사람들의 눈에서 다른 사람들을 섬기는 데서 오는 즐거움을 찾아볼 수 있는데, 특별히 주님이 그들을 사용하리라고 생각지도 못하는 사람들에게서조차도 그러한 현상을 볼 수 있다.

많은 사람들을 봉사에 참여하게끔 만드는 것은 교회 내 커뮤니티를 활성화하는 방법이기도 하다. 함께 봉사하다 보면 서로 깊은 유대감을 가지게 되고, 진정한 우정이 생겨나고, 교회는 건강해진다.

팀의 구성

서점에 가면 리더십과 팀 구성에 관한 많은 책들이 있다. 그러므로 여기서 그에 관해 자세하게 다루지는 않겠다. 그러나 훌륭한 팀을 구성하고 믿음을 심어주며 행사를 이끌어가는 다섯 가지 단계에 대해서는 꼭 설명하고 싶다.

1단계 : 행사의 전반적인 내용을 정하라

교회의 최고 리더들은 행사의 전반적인 내용을 계획한다. 행사의 목적과 초청 대상, 주제, 장소, 홍보 방법과 시기 등이 그것이다. 이 단계에서는 행사에 필요한 개략적인 예산과 다른 필요 자원을 정하는 일도 포함된다.

2단계 : 팀 지도자들을 정한다

계획이 보다 분명해짐에 따라 사람들 간의 역할과 책임을 분명히 한다. 이 단계에서는 그 행사를 이끌어갈 최고 지도자적 위치를 담당할 사람을 정해야 한다. 이 사람들은 팀을 감독하고 다른 사람을 뽑고 훈련시키며 격려하고 그들을 이끌어나가야 한다.

나는 여러분들이 교회의 대규모 행사를 잘 이끌어나갈 수 있는 사람을 주시라고 하나님께 기도드리기를 권한다. 이들은 그러한 행사를 통해 하나님이 주시는 은혜를 이해하고 있기 때문에 행사 준비에 열정을 가지게 될 것이다. 행사 리더가 되는 사람은 조직에 관한 지식도 가지고 있어야 하고, 다른 직분자들과 좋은 관계를 가질 수 있어야 한다. 이러한 역할은 때때로 힘들고 시간을 필요로 하지만 역할에서 오는 중압감은 지속적인 것이 아니고 반복적이다. 리더의 신앙, 비전과 기술은 교회의 성장에 굉장한 차이를 가져올 수 있다. 시간이 지나면서 그는 교회를 지역사회에서 '큰 행사를 준비해서 그것을 성공적으로 이끄는 사람들이 모인 곳'으로 알릴 것이다.

3단계 : 핵심인력을 모집하라

나는 우리 교회의 많은 성도들이 하나님의 나라를 위해 제대로 사용되지 못하고 있다고 확신한다. 재능 있고 의욕적인 사람들이 중요한 역할을 맡고 싶어할 수 있지만 우리는 그들에게 그 일을 해달라고 부탁하지 않고 있다. 그들은 행정업무, 마케팅, 카운슬링, 예술 또는 수백 가지 다른 분야에서 훈련을 받았을 수 있다. 어떤 종류의 봉사가 그들에게 맞는지 그들이 가진 재능이나 열정을 통해 찾아내라. 그들과 함께 어울리면서 그들이 지루해 하는 것이 무엇인지, 그들이 좋아하는 것이 무엇인지, 그들을 울게 만드는 것이 무엇인지 알아보라. 지도자로서 나의 역할 중 하나는 유사한 열정을 가진 사람들을 엮어 그들이 서로 격려하게 만드는 것이다. 이 모든 것은 시간을 필요로 하지만 그것은 그렇게 할 만한 가치가 있다.

핵심 인재들을 뽑는 데 너무 많은 위험을 감수하지 마라. 하나님에게 지혜와 방향을 간구하고 '개방적인 마음을 가진 우수인력'이 될 사람을 찾아보라. 그들은 뛰어난 성과, 열정에 헌신적인 사람이어야 하고 효과적인 팀을 구성한 전력이 있는 사람이어야 한다. 이것은 그 행사의 진행과정에서 중요한 단계다. 이 단계에서 여러분은 선택한 사람들을 직접 대면하며 여러분의 비전을 함께 나누고, 그들에게 특별한 역할을 정해주고, 그들의 생각을 주의 깊게 듣게 될 것이다.

4단계 : 행사에 대한 구체적인 계획을 수립하라

팀 리더가 생각할 수 있는 여러 가지 장애와 기회 요인들을 그려보도록 도와주라. 이러한 훈련은 팀 리더들이 잠재적인 문제를 피하고 성공에 이르도록 도와준다. 음악, 강사, 엔터테인먼트, 방문객 안내, 등록 안내, 안내표지판, 자동차 주차, 날씨점검, 음식 등 행사의 여러 가지 측면을 생각해보라. 예를 들어 음식이 제공되는 행사 준비에서 가장 저지르기 쉬운 실수는 500명의 사람들이 음식을 먹기 위해 한 줄로 서서 기다리게 만드는 것이다. 사람들은 너무 오랫동안 기다리면 짜증을 낸다. 여러 줄을 만들어서 대기시간을 줄일 필요가 있다. 그리고 음식을 준비하는 사람들은 배식 전에 미리 준비하는 것이 좋다.

좋은 계획과 잠재적인 문젯거리에 대한 충분한 예상은 행사 당일 시간 절약과 혼란을 최소화시켜줄 것이다. 미리 준비하는 태도는 팀 리더들이 예상치 못한 일이 생겼을 때 우왕좌왕하지 않고 팀원들에게 신경을 집중하고, 그들을 격려하는 일을 하도록 도와준다.

5단계 : 유연성을 가져라

캘버리 교회의 척 스미스 목사는 "유연성을 가진 사람은 행복하나니 그들은 결코 부러지지 않을 것이요"라고 말했다. 그의 리더십에 관한 산상수훈은 대규모 집회에 잘 어울린다. 경건하고 훌륭한 리더십의 가장 매력적인 특징 중 하나는 계획과 준비를 철저히 하되, 하나님의 주권과 선하심에 전적으로 의지하는 것이다. 여러분이 아무리 잘 준비해도 실제 일은 잘못될 수 있다. 음향시설이 울릴 수도 있고, 강사의 도착시간이 늦을 수 있고, 음식을 나르는 사람이 접시를 엎지를 수 있고, 아이들이 병에 걸릴 수도 있다. 그러한 일들은 일어나기 마련이다. 문제는 "여러분이 어떻게 그런 일에 반응하느냐?"하는 것이다.

계획을 제대로 세우지 못한 채 행사가 잘못되었을 때, 우리는 남을 비난하는 리더들이 결국 어떻게 되는지 알고 있다. 어떤 리더들은 행사의 모든 내용을 일일이 간섭하려 하고, 다른 사람들을 지배하려고만 하는데 이들의 끝도 좋지 않다. 그런 사람들이 리더로 있으면 팀으로 함께 일하는 데서 오는 즐거움이 없어져버린다. 좋은 계획과 봉사에서 오는 즐거움, 하나님에 대한 신뢰가 함께 어우러져 좋은 지도자를 만든다. 그는 행사를 성공적으로 이뤄내고 다른 팀원들에게 함께 일하는 데서 오는 즐거움과 힘을 북돋아준다.

나는 현장을 방문하여 사람들과 어울리면서 내가 계획을 제대로 세웠는지, 팀 리더를 제대로 뽑았는지, 그들이 일을 제대로 하도록 필요한 것을 공급하였는지 확인한다. 그럴 때 내 역할은 '최고 격려자(chief encourager)'이고, 사람들에게 그들이 한 일에 대해서 매우 감사해 하고 있다고 말해주는 것이다. 나는 그들이 도움을 필요로 하면 그 문제를 해결하도록 도와주고, 하나님이 사람들을 사용하여 불신자들의 마음을 열도록 만드는 것을 지켜본다. 나의 역할은 그들이 물이 필요하면 그들에게 물병을 가져다주는 것이다. 그들이 쉬기를 원하면 잠시 내가 그 일을 맡는 것이다. 교회에서 최고의 감시자가 되는 것이 아니고 그들을 섬기는 사람이 되는 것이다. 그것이 내가 해야 할 일이다.

행사의 성과에 대한 평가

우리들 중 일부는 큰 행사를 치른 후 완전히 탈진하여 들어 눕는 사람도 있다. 한 행사를 끝낸 후에는 시간을 가지고 에너지를 회복할 여유를 가지는 것이 좋다. 그래서 교회 리더와 성도들이 그 행사를 통해 하나님이 여러분들을 통해 이루어내신 일들을 돌아보는 것이 좋다. 이러한 평가 시 여러분들은 다음과 같은 사항을 점검해야 한다.

- 계획과정과 목적, 참석자
- 시기 및 예산
- 팀 리더 및 팀원의 선택
- 프로그램의 내용
- 시설
- 홍보
- 후속대책

우리 교회에서는 대규모 행사가 참석한 사람들뿐만 아니라 행사를 준비한 팀원들에게도 즐거움을 주길 원한다. 우리는 봉사한 사람들로 하여금 하나님이 그들을 사용해서 다른 사람들의 인생에 변화를 가져오는 것을 보기를 원한다. 봉사한 사람들이 이러한 즐거움을 누리지 못하면 행사의 목표는 완전히 성취된 것이 아니다.

많은 목사님들이 이 장을 읽고서는 "나도 그와 같은 믿음을 북돋우는 행사를 가지고 싶다. 그러나 나는 이미 다른 많은 일로 지쳐 있다"라고 말할 수 있다. 그런 분들에게 나는 "예, 그럴 것이라는 점을 충분히 압니다. 나도 그러했습니다. 그러나 대규모 행사가 교회를 위해 하나님의 목적을 성취하는 데 큰 기여를 하기 때문에 다른 것을 어느 정도 포기해서라도 이 일에 힘을 쏟아야 하지 않겠습니까?"라고 말하고 싶다.

옛날과 똑같은 방법으로 일을 되풀이하는 한 사람들의 인생은 변화하지 않을 것이고, 지역사회에 복음을 전하는 일은 성과가 없을 것이고, 열정과 기쁨을 가지고 봉사할 역동적인 리더는 생겨나지 않을 것이다.

릭 워렌 목사는 교회 지도자들이 저지르는 실수 중 하나로 특별히 개척교회 목사님들의 경우, 신앙심이 깊은 사람들을 대상으로 목회를 하려 한다는 것이라고 지적하였다.

예수님께서 보여주신 생활패턴은 불신자들을 먼저 대상으로 하셨다. 그는 결코 대중을 무시하지 않고, 대규모 전도를 소홀히 하지 않으셨다. 주님께서는 여러 차례 대중들을 먹이시고 치유하시고 그들에게 말씀하셨다. 사람들은 그분의 사명이 무엇인지 거의 이해하지 못했다. 그들은 빵과 물고기를 위해 그분께 나아오거나 병을 치료받기 위해 혹은 이상한 말씀을 듣는 것을 즐기기 위해 모여들었다. 예수님은 자신의 말씀을 알아들을 수 있는 사람들만 자신에게로 오라고 말씀하시지 않으셨다. 그분은 사람들에게 항상 일반적이고 긍정적인 말로만 말씀하신 것도 아니었다. 가끔 그분은 대중들에게 제자들에게처럼 듣기 거북한 말씀도 하셨다. 어떤 경우에는 "이러므로 제자 중에 많이 물러가고 다시 그와 함께 다니지 아니하더라(요한복음 6장 66절)" 하기도 하였다.

가끔 나는 교회 성도들 앞에 서서 예수 그리스도에게 분명한 헌신을 부탁하는, 듣기 거북한 말을 한다. 나는 성도들 중 일부는 다음 몇 주 동안 교회에 나오지 않을 것을 알지만 나는 그리스도의 사역을 흉내내기로 결정했다. 우리는 많은 무리들이 모여서 예배를 드리지만 그들에게 예수님의 분명하고도 단호한 말씀을 증거하는 일을 하도록 부름 받았다.

이러한 부름의 핵심적인 내용이 예수 그리스도의 생명의 말씀을 듣도록 사람들을 초청하고 환영하는 것이다. 어떤 교회 지도자들은 자신들만의 경건한 삶에 너무 오랫동안 빠져 있어서 그리스도께서 이런 저런 사람들을 자신에게로 부르셨다는 것을 잊어버린 채 살아가고 있다. 그런 케케묵은, 변화가 없는 크리스천 리더들은 쉽게 회개하고 자신의 삶을 정리하며 자기 몸을 씻고 그래서 과거보다 훨씬 나아지고 깨끗해진 그런 예배자들에게서만 편안함을 느낀다.

우리 교회에는 오토바이를 타고 오는 성도들도 있고, 여자 성도 중에는 창녀도 있을 수도 있다. 교회 문으로 험상궂게 생기거나 지쳐 보이는 사람들이 걸어 들어오는 것을 볼 때는 언제나 그들에게 다가가서 악수를 하고 그들을 따뜻하게 맞아준다. 나는 그러한 사람들이 우리도 예수님처럼 세상에서 버림받은 사람들과 상처받은 사람을 사랑한다는 것을 알기를 원한다.

몇몇 경찰관들이 나에게 "처음에는 목사님 교회에 나가는 것이 힘들었습니다"라고 말했다. 나는 그들에게 왜냐고 물어보니 그들은 "주변을 보니까 며칠 전, 몇 주 전, 몇 달 전에 우리가 체포했던 사람들이 옆에 앉아 있더군요. 그러나 그때 나는 이곳이 바로 그런 사람들이 있어야 할 곳이라는 것을 깨달았습니다. 그런 사람들이 이곳에 있으면 그들의 삶에 좋은 일이 일어나겠지요. 그들을 위해 사역하고 계시는 것에 대해 감사드립니다." 나는 이 말이 우리 교회에 대한 칭찬의 말이라고 생각한다.

나는 대학과 신학교에서 배운 학문적 수단을 좋아한다. 그러한 공부는 나에게 매우 좋은 자극이 되었지만 사람들의 삶을 변화시키는 것을 보는 일만큼 나를 흥분시키지 못했다. 사람들의 삶에 변화를 가져오는 일은 나를 밤늦게까지 잠 못 들게 만들고,

아침에 희망과 기쁨을 가지고 깨어나게 만드는 것이다.

신앙을 심어주는 대규모 행사는 지도자들이 기쁜 마음으로 계획하고 힘든 일을 감수하며, 실패의 위험을 각오하도록 요구한다. 달란트 비유에서처럼 그러한 위험을 감수코자 모험을 하는 종들은 칭찬을 들을 것이다. 바울은 "예수 그리스도 안에서 하나님이 위에서 부르신 부름의 상을 위하여 좇아가노라"라고 말했다. 그는 주님을 위해 사람들에게 복음을 증거하기 위한 그의 소명을 이루기 위해 여러 차례 위험을 감수해야 했다. 유콘 지역으로 황금을 좇아간 사람들의 모험을 잊지 말자. 그들은 부자가 되는 꿈을 가졌고 그 목표를 이루기 위해 힘든 일과 위험을 감수하려고 하였다. 우리는 위대한 비전을 달성하기 위해 그러한 사람들의 삶으로부터 교훈을 얻을 필요가 있다. 그 비전은 우리가 예수 그리스도를 위해 영혼 구원을 위한 계획을 수립하고, 이를 이루기 위해 열심히 노력하며 필요한 위험을 감수해 가는 과정에서 희망, 인내, 용기를 가져다준다.

Question

1. 여러분이 본 것 중에서 가장 성공적이고 의미 있었다고 생각되는
    전도행사에 대해 설명해보세요.

2. 여러분의 교회가 가지고 있는 특징은 무엇인가요? 그러한 특징과
    일치하면서 지역사회에 전도 기회로 활용할 수 있는 행사를 어떻
    게 추진할 수 있을까요?

3. 지역사회에서 가장 효과적인 홍보수단은 무엇인가요? 그러한 수
    단을 여러분은 어떻게 사용하고 있습니까?

4. 교회 내 마케팅 전문가가 있습니까?

5. 여러분은 어떤 방법으로 대규모 집회를 교회 지도자를 육성하는 수단으로 사용하고 싶습니까?

6. 하나님이 지역사회에서 교회를 다니지 않고 있는 사람들에게 복음을 증거하고, 교회 내 리더를 세우는 데 큰 역할을 하는 대규모 행사를 사용하여 여러분이 섬기고 있는 교회를 어떻게 발전시키고자 하시는지에 대해 기도하고 생각하는 시간을 가져보세요. 여러분의 생각과 대략적인 계획을 적어보세요.

8

네 번째 전략　Everyone's
a 10-Get' Em
Moving!

자신의 재능을 사용하도록 만들어라

우리 각 사람에게 그리스도의 선물의 분량대로 은혜를 주셨나니 (중략)

그에게서 온몸이 각 마디를 통하여 도움을 입음으로 연락하고 상합하여 각 지체의

분량대로 역사하여 그 몸을 자라게 하며 사랑 안에서 스스로 세우느니라

| 에베소서 4 : 7~16 |

하와이 오하우에 있는 희망교회의 웨인 콜데이로 목사는 "모든 사람은 한두 가지 면에서 남들보다 뛰어난 재능을 가지고 있다. 리더의 임무는 사람들이 어떤 분야에서 뛰어난 재능을 가지고 있는지 알 수 있도록 도와주는 것이다" 라고 말했다.

모든 사람이 높은 IQ나 예술적 재능을 가지고 있는 것은 아니지만 하나님의 나라를 위해 봉사할 수 있을 만한 훌륭한 재능을 가지고 있는 분야가 있다. 부동산은 최적의 상태로 사용될 때

의 가치로 평가받는다. **웨인 콜데이로 목사가 말하는 재능이란 그리스도를 섬길 때 사용할 수 있는 최고의 재능을 의미한다. 혁신적 사고를 가진 목회자라면 사람들이 어떤 분야에서 특별한 재능과 열정을 가지고 있는지 알 수 있다.**

나는 사람들을 리드하는 것과 설교하는 데 재능을 가지고 있다. 나는 그런 일을 하는 것이 좋다. 하나님은 나에게 그런 일들을 다른 일들보다 더 잘할 수 있도록 축복해주셨다고 생각한다. 가끔 사람들이 상담을 위해 찾아와서는 나중에 나의 통찰력과 격려로 많은 도움을 받았다고 말한다. 그러나 그들이 상담을 마치고 사무실 문 밖으로 걸어나갈 때 쯤이면 나는 매우 지쳐 힘이 다 빠져나간 것처럼 느낀다. 두세 사람 정도를 상담하고 나면 지쳐서 다음 사람에게는 다음과 같이 말하게 된다. "자, 이제 문제가 무엇인지 아셨으니 옳은 일을 하시고 잘못된 일은 더 이상 하지 마세요. 찾아와주셔서 감사드립니다. 하나님이 축복해주시기를 바랍니다." 이쯤 되면 사람들은 나보다 상담에 뛰어난 재능을 가진 사람을 찾는 것이 좋다. 그래서 사람들이 나를 훌륭한 상담가라고 말하더라도 나 자신은 상담 분야에서 뛰어난 재능을 가졌다고 말하고 싶지 않다.

80/20법칙

교회에는 사람들이 자신의 영적 은사를 발견하도록 도와주는 매우 유용한 여러 가지 수단이나 자료들이 있다. 그런 수단이나 자료들이 공통으로 던지는 질문은 **"여러분이 하나님을 기쁘시게 하기 위해 스스로 신이 나서 힘과 열정을 쏟아 할 수 있는 일은 무엇입니까?"** 이다.

80/20법칙은 교회 봉사에도 적용된다. 80/20 법칙은 20%의 사람들이 80%의 일을 담당하는 것을 말한다. 교회에서 이루어지는 행사의 20%가 전체 결과의 80%를 가져온다. 이런 원리를 개인적인 차원으로도 적용할 수 있다. 즉, 사람이 가진 가장 훌륭한 20%의 재능과 은사가 그 사람을 향한 하나님의 계획의 80%를 달성할 수 있다. 우리는 그 20%를 자신의 인생, 일, 교회 봉사 등에 제대로 가능한 한 많이 사용할 필요가 있다.

교회 리더가 해야 할 가장 중요한 일은 사람들이 하나님이 주신 재능을 발견하도록 이끌고, 눈에 빛이 나고 자신의 열정을 태울 수 있는 일을 찾도록 도와주는 것이다. 어떤 사람에게 특별한 일을 제안했을 때 그 사람의 눈이 별로 생기를 보이지 않거나 시계를 쳐다보거나 대화의 주제를 바꾸고 싶어 할 때, 그가 가진 20%의 뛰어난 재능을 사용할 만한 일을 제안하지 못했음을 깨닫게 된다.

하나님이 각 성도들에게 그분을 섬기는 데 사용할 수 있는 재능을 주셨다는 것은 멋진 진리다. 그분은 우리들을 뛰어난 피조물로 만드시고, 그분의 놀라운 구원사역에 참여하도록 부르셨다. 리더들의 역할은 사람들이 자신의 능력을 파악하고, 다른 사람들과 협조하여 세상을 변화시킬 수 있는 시너지 효과를 나타내도록 돕는 것이다. 바울은 에베소 교인들에게 보내는 편지에서 "우리 각 사람에게 그리스도의 선물의 분량대로 은혜를 주셨나니…(중략) 그에게서 온몸이 각 마디를 통하여 도움을 입음으로 연락하고 상합하여 각 지체의 분량대로 역사하여 그 몸을 자라게 하며 사랑 안에서 스스로 세우느니라(에베소서 4 : 7~16)"라고 기록하였다. 훌륭한 리더는 사람들이 자기의 재능을 발견하고 그것을 사용하도록 도와주는 사람이다.

우리 교회에서는 성도들이 교회 내 각 부서에 참여할 수 있도록 꿈꾸고 기도하고 하나님에게 간구하도록 격려한다. 하나의 격려가 사람들이 팀을 이루어 함께 일하도록 하는 것이다. 어느 누구도 혼자서 봉사할 수는 없다.

우리 교회에 다니고 있는 여성도 중 두 분은 퀼트(서양 수를 놓는 일)를 통해 하나님께 봉사하고 있다. 그 일은 내가 전혀 생각지도 못한 일이다. 두 분 중 한 사람은 70대이고, 다른 한 분은 40대이다. 그들은 단순히 퀼트의 아름다움 때문에 그 일을 열심히 하는 것이 아니고, 그 일을 통해 지역사회 사람들에게 선한 영향을 미칠 수 있기 때문에 열심이다. 나이 많은 여자분은 가정에서 학대받아온 어린이들에게 하나님의 사랑을 보여주기 위해 퀼트를 만들고 있다. 젊은 여성분은 어린 자녀로 인해 집에서 혼자 있어야 하는 젊은 엄마들에게 복음을 전하기 위해 퀼트를 사용하고 있다. 두 사람 모두 학대받는 아동과 젊은 엄마들을 찾아 주는 지역 내 사회 기관과 협력하여 그들에게 그리스도의 사랑의 메시지와 교회에서 보내는 인사와 함께 아름다운 퀼트를 선물한다. 두 분은 하나님은 주신 재능과 은사를 매우 특별하게 다른 사람들을 섬기는 데 사용하고 있다. 그것은 진정 멋진 일이다!

리더들이 솔선수범해야 한다

존 웨슬리는 "열정을 가지고 일을 하라. 여러분들이 열심히 일하는 것을 보기 위해 사람들이 멀리서부터 찾아올 것이다"라고 말했다. 교회에서 사람들의 열정적이고 효과적인 봉사는 교회 리더들이 솔선수범하는 자세에서 시작된다. 열정과 교회의 분명한 목적은 사람들을 모으고 그들에게 희망과 꿈을 심어준다. 반대로 목적 없이 관료주의에 집착하는 교회는 신자들의 꿈을 꺾어버리게 된다.

교회 리더들이 꿈이 없으면 교회 성도들도 꿈을 잃어버린다. 여러분들이 먼저 성도들에게 하나님을 믿는 기쁨을 나눠주지 못한다면 성도들도 하나님을 믿는 기쁨을 다른 사람에게 역시 나눠 주지 못하게 된다. 우리는 피곤하고 열정이 말라붙거나 사라진 때조차도 꿈은 크게 꾸어야 한다. 우리는 하나님의 도우심을 바라면서 영혼구원의 위대한 사역으로 우리를 부르셨다는 것을 믿을 만큼 큰 꿈을 꾸어야 한다. 꿈은 리더십과 관련된 것이다. 그것이 없이는 우리는 리더가 될 수 없으며, 기껏해야 행정가에 불과할 것이다.

교회 성도들의 가슴에 불을 지피는 가장 강력한 방법 중 하나는 하나님이 성도들의 꿈을 어떻게 성취시켜주셨는지 공유하는 것이다. 우선 교회 성도 중에서 이런 일에 귀감이 될 사람을 신중히 고른다. 그는 영혼구원 사역의 꿈을 이룬 사람으로 그 일의 배후에서 모든 것을 섭리하신 하나님께 영광을 돌릴 줄 아는 사람이어야 한다. 성도들의 실제 삶은 사람들에게 새롭게 시작할 수 있는 열정과 용기와 헌신을 강하게 불러일으킨다.

몇 년 동안 나의 동생 진이 교회 음식과 간식을 책임지는 일을 했다. 그러나 3년 전에 데비 로간이라는 여성이 부엌일을 총괄하는 일을 맡았다. 진은 데비가 이 일에 비전을 가지고 있고, 하나님이 그녀에게 목적을 주신 것을 믿었기 때문에 만족스럽게 그 일을 넘겨주었다. 그녀는 몇몇 가정을 네 개의 팀으로 나누어 각 팀이 돌아가면서 토요 저녁 예배에 참석하는 500명의 성도들에게 예배 전에 간단한 저녁식사를 대접하도록 준비시켰다.

데비가 조직한 팀원들은 모두 요리하는 것을 좋아하고, 다른 사람들에게 맛있는 식사를 제공하는 데 재능이 있는 사람들이었고, 그 재능을 남을 위해 사용하는 것을 좋아했다. 나우스라는 사람은 뉴 잉글랜드 지방에서 왔는데 겨울 동안 그 지역의 특별 수프를 만들어 성도들에게 제공했다. 랑돈이라는 사람은 제빵 기술에 뛰어난 재능을 가진 사람으로 맛있는 빵과 후식을 제공하고 있다. 다른 팀들은 각기 다른 종류의 음식으로 성도들에게 봉사하고 있다.

데비의 봉사와 이런 팀을 조직하는 능력은 교회 전도에도 좋은 영향을 끼치고 있다. 교회에 오는 사람들 중에는 교회 음식을 좋아해서 오는 사람들도 있다. 그것도 매우 좋은 일이다.

여러분 중에는 교회 내의 성도들이 꿈이 없어서 실망한 목사도 있을 수 있고, 혹은 여러분의 목사가 꿈이 없는 것처럼 보여 좌절하고 있는 부교역자나 다른 리더일 수 있다. 사람들에게 꿈을 심어주는 것은 한 리더의 책임이 아니다. 우리 각자는 교회 내 직함이나 역할에 관계없이 하나님의 음성을 세밀히 들으면서 그분이 원하시는 일을 하고, 기쁜 마음으로 자신의 꿈을 이루어 나가면서 주변 사람들이 우리를 본보기로 삼고 살아갈 수 있도록 도와줄 책임이 있다. 담임목사도 자신의 꿈을 이루기 위해 살아갈 필요가 있지만, 주일학교 교사나 간식을 준비하는 사람들도 그 일을 통해 자기의 꿈을 이뤄나갈 필요가 있다.

여러분의 주변에는 자신과 같은 꿈과 열정을 가진 사람이나 그렇지 않은 사람이 모두 있을 것이다. 여러분의 책임은 믿음과 열정을 가지고 주님과 그분이 주신 소명을 추구하는 것이다. 그리고 같은 마음을 가진 보다 많은 일꾼을 보내달라고 기도하는 것이다. 여러분이 혁신적인 생각을 가진 사역자라면 하나님 나라의 확장을 위하여 동일한 마음을 가진 사람들에게 활력을 심어주는 일도 감당해야 한다.

누가는 사도행전 6장에서 초대 교회 리더들이 성도들의 숫자가 매우 빨리 늘어나면서 교회 행정으로 몸살을 앓는 상황을 기록하고 있다. 초대 교회 리더들은 신자들 중에 일곱을 뽑아 집사로 세우고, 자신들은 하나님의 말씀을 전하고 기도하는 일에 집중하도록 결정했다. 그때 뽑힌 일곱 명의 집사들은 단지 마음만 따뜻한 사람이 아니라 그리스도와 그분의 나라에 대해 열정을 가진 사람들이었다. 그들은 '성령과 지혜가 충만한 것으로 알려진' 사람들이었다. 스테반은 실제로 교회의 첫 순교자가 될 정도로 열심을 가진 복음전도자였다.

초대 교회 리더들과 마찬가지로 사람을 선택하고 그들에게 역할을 맡기는 목적이 단지 하기 싫은 일을 다른 사람들에게 떠넘기는 것은 아니다. 우리의 역할은 꿈을 가지고 있거나 다른 사람의 꿈을 자신의 것으로 여기고 하나님에게 영광을 돌리기 위해 자신의 재능을 사용하기 원하는 사람을 찾는 것이다.

고질적인 교회병의 특징들

나는 릭 워렌 목사의 새들백 커뮤니티 교회의 사역에서 많은 것을 배웠다. 릭은 그의 사역을 동심원으로 묘사하였다. 동심원은 가장 밖에서부터 지역사회, 교회 행사에 참여하는 대중(crowd), 예배에 참석하는 성도(congregation), 교회 행사에 봉사하는 헌신자(committed), 그리고 핵심 리더(core), 당회장 목사 순으로 구성된다.

우리 교회에서는 리더십은 직함이나 지위가 아니다. 리더들은 섬기는 종의 마음을 가지고 예수의 이름으로 다른 사람을 섬겨야 한다. 어떤 교회는 목사가 모든 비전과 활동을 계획하고 결정을 내리고 있다. 우리 교회는 그렇게 하지 않고 있으며, 그것은 신약 성경에서 나타난 방법이 아니기도 하다. 목사로서 나의 역할은 교회의 전반적인 방향과 비전을 제공하는 것이다. 이와 함께 사람들이 마음과 뜻과 정성과 힘을 다해 하나님을 섬기도록 도와주어서 각 사람이 하나님께서 주신 비전을 이뤄나가도록 하는 것이다. 우리는 이러한 비전을 가진 많은 리더를 세우기를 원한다. 그래서 보다 많은 사람들이 주님께로 나와서 기쁨과 열정을 가지고 봉사할 수 있기를 원한다.

"모든 사람은 한두 가지 면에서 남들보다 뛰어난 재능을 가지고 있다"라는 말은 하나님의 나라에서는 누구든지 할 일이 있다는 것을 의미한다. 우리는 한 사람도 소외되는 것을 원하지 않는다. 각자가 자신의 역할을 담당하면 전체 교회가 자라나는 것이다.

운동선수나 연예인들은 최고의 기량을 낼 수 있도록 자기의 삶을 조직화한다. 그러나 그리스도의 몸인 교회는 종종 다른 식으로 움직인다. 운동선수는 잘 먹고 열심히 운동하고 신체를 잘 관리하여 경기 당일에 최고의 컨디션을 유지하기 위해 노력한다. 연예인도 마찬가지로 오랫동안 함께 공연하는 사람들과 연습하고, 무대에 섰을 때는 최고의 기량을 보일 수 있도록 준비한다.

그러나 교회는 사람들이 최고의 기량을 보여줄 수 있도록 만드는 대신에 형식적으로 자리만 메우는 데 급급한 실정이다. 우리는 주일학교 아동부에서 봉사할 교사가 필요하면 그저 "예"라고 대답하는 사람을 아무나 찾는다.

예전에 내가 섬기던 교회에서 있었던 일이다. 메리 엘렌 해밀

톤이라는 여학생이 18살 때 교회 복도를 걸어가다가 주일학교 담당 부장을 만났다. 그는 그녀를 불러 세우고 "어린이를 위한 교사가 부족하니, 몇 주 동안 우리를 도와주실 수 없나요?"라고 간청했다. 내가 그 교회 목사가 된 후 몇 년이 지나서 매리 엘렌은 나에게 "저는 23년 동안 주일학교 선생을 했습니다. 목사님, 저는 휴식이 필요합니다"라고 말했다. 그때까지 나는 그녀가 어떻게 주일학교 교사직을 맡게 되었는지 전혀 몰랐다. 그녀는 23년 동안 그 일을 해왔던 것이다!

많은 교회들이 이런 식으로 운영되고 있다. 우리는 사람이 귀하고, 그 일이 그 사람의 소명이나 열정에 맞는지 제대로 생각하지 못하고 그저 자리만 채우려고 한다. 우리는 그들이 그 자리에서 계속 섬기려고 하는 한 그곳에 머물게 한다. 실제로 그가 그 역할을 얼마나 오랫동안 불평 없이 해왔느냐에 따라서 영적 성숙의 정도를 평가한다.

우리는 다른 평가 시스템이 필요하다. 우리는 사람들이 자기의 소명을 이룰 수 있는 자리를 찾도록 도와줄 필요가 있다. 자신이 받은 재능을 하나님께 사용할 수 있는 곳에서 봉사할 수 있도록 도와줄 필요가 있다. 우리는 단순히 사람들이 빈자리를 채우도록 만드는 대신에, 그들 스스로 맡은 일에서 뛰어난 성취를 보일 수 있도록 만들 필요가 있다.

내가 1997년 개척교회를 시작하기 위해 교단 일을 그만두기 직전에 교단 내에서 가장 뛰어난 25명의 목사님들을 만난 적이 있다. 우리는 그 모임을 '미래의 교회들'이라고 명명하고, 하나님의 소명을 이루기 위한 열정과 헌신에 파급력이 있는 리더들의 특성과 리더십 계발의 본질에 관해 토론했다. 다음이 우리가 논의했던 리더의 특성들이다.

리더는 학습자이다

우리는 정보화시대를 살아가고 있다. 사람들은 역사상 그 어느 때보다 지식에 쉽게 접근할 수 있다. 교회 리더의 위치에 있는 사람들은 매일 또는 적어도 매주 시간을 내 영적 생활과 관련한 책과 자료들을 읽어야 한다. 오늘날 성도들은 그러한 책이나 자료들을 많이 읽고 있기 때문에 리더들은 그러한 성도들을 이끌기 위해서는 끊임없이 새로운 정보를 찾아서 배우고 익혀야 한다.

지속적으로 성장하는 비결 중 한 가지는 자기의 일정을 자신이 받은 은사가 잘 계발될 수 있도록 조정하는 것이다. 바울은 디모데에게 "네 속에 있는 은사를… 조심 없이 말며"(디모데전서 4 : 14)라고 주의를 주고 있다. 우리는 우리 삶이나 사역의 가장 뛰어난 부분을 지속적으로 연마해서 가능한 한 유능한 지도자가 될 필요가 있다. 어느날 우리 각자는 자신들이 한 일을 평가받기 위해 그리스도 앞에 서야 할 때가 있을 것이다. 그날에 우리는 주님에게 그분이 주신 재능을 어떻게 갈고 닦아서 사용했는지 말해야 할 것이다. 스케이트를 탈 때 날을 갈지 않은 채 사용하면 처음에는 아무 문제가 없겠지만 얼마 못 가 후회하게 될 것이다.

우리 모두는 학습자가 되어야 하지만 모두가 똑같은 방법으로 배우는 것은 아니다. 오늘날 교회나 지역사회가 갖고 있는 교육의 문제점 중 하나는 강의 방식을 너무 많이 사용한다는 것이다. 그 방법은 강당에서 여러 사람을 대상으로 교육할 때는 적절하지만 모든 경우에 맞는 것은 아니다. 상황에 맞게 교수법을 다양하게 할 필요가 있다.

리더는 비전을 품은 사람이다

참된 비전은 '그림 속의 떡'이 되어서는 안 된다. 그것은 현재와 미래, 곧 지금의 모습과 장래의 모습 간의 창조적인 연결을 의미한다. 조지 바나는 비전을 "하나님과 자신의 상황을 제대로 이해한 바탕 위에 세워진 것이며, 하나님이 선택한 종들에게 심어주신 바람직한 미래의 분명한 모습"이라고 정의했다.

하나님께로부터 오는 비전은 도전할 만하고 이성적이다. 그것은 야고보서 3장에서 말하고 있는 지혜의 특성을 지녔지만 사람들의 마음을 지금까지 보아오던 것보다 훨씬 큰 것을 위해 하나님을 의지하도록 만든다.

앞서 언급한 대로 하나님으로부터 직접 꿈을 받은 사람은 드물다. 우리들 대부분은 다른 사람의 꿈을 듣고서 감동을 받아 자신의 비전을 정하는 '배워서 비전을 꿈꾸는 사람'들이다. 우리는 꿈을 가진 사람들을 만나기 위해 컨퍼런스에 참여하거나, 다른 사람들이 이루어놓은 비전을 보기 위해 그들을 찾아갈 필요가 있다.

비전과 관리 사이에는 본질적으로 서로 대립되는 면이 있다. 켄 블랜차드는 "리더십에는 두 종류의 속성이 있다… 하나는 비전을 심어주는 것이고 다른 하나는 그것을 실행하는 것이다. 여러분이 꿈을 이루려면 그 꿈에 맞는 일을 실행으로 옮겨야 한다. 명심해야 할 것은 현재의 여러분을 만들어준 생각들은 앞으로 여러분이 지향하는 곳에 이르는 것을 보장해주지 않는다는 점이다."

우리들 중에는 원대한 꿈을 가졌지만 다른 사람과 함께 협력하지 못해 그 꿈을 이루는 데 실패함으로써 많은 사람들에게 실망과 상처를 준 리더들이 있다. 아니면 현재의 상태에 안전하게 머물기 위해 모든 위험을 피할 정도로 관리에만 집중하는 이들도 있다. 진정한 비전은 변화에 대한 갈망으로 시작되며, 변화는 용기와 결단력을 필요로 한다. 로버트 케네디는 "전쟁 터나 첩보전에서는 도덕적 용기를 찾기 어렵다. 그러나 그것은 큰 고통이 수반되는 세계를 변화시키는 일을 감당하기를 희망 하는 사람들이 가져야 할 본질적이고 중요한 요소다"라고 말 한다.

리더는 위험을 감수한다

비전과 위험은 서로 같이 간다. 위험은 미래에 대한 불확실성 이고, 변화 과정에서 현재의 상태로부터 벗어나는 것이다. 나는 수 년 동안 목사들과 교회 리더들의 삶을 지켜보면서 그들이 양 극단으로 치우치는 경우를 많이 보아왔다. 어떤 사람들은 변화 가 가져오는 큰 충격에 대해 지나칠 정도로 용감하다. 그들은 "우리는 변화를 이루어가고 있다. 우리와 함께 보트에 타든지, 내리든지 둘 중 하나를 선택해야 한다. 어느 편을 택해도 상관하 지 않겠다." 또 다른 지도자들은 정반대로 매우 조심스럽고, 어 떤 갈등이나 혼란을 만드는 것 자체를 싫어한다.

나는 젊은 목사였을 때 너무 공격적으로 되는 것을 싫어했다. 그러다 보니 지나친 조심으로 리더십을 제대로 발휘하지 못했 고, 다른 사람들이 하나님을 더욱 가까이 할 수 있는 기회를 주지 못했다. 되돌아보면 그때 나의 비전에 더욱 담대했더라면 많은 성도들의 신앙심이 더욱 깊어지고, 보다 열정적으로 주님을 섬길 수 있었고, 지역사회에 더욱 큰 영향력을 미칠 수 있었을 텐데 하는 아쉬움이 든다.

조직은 타고난 특성 때문에 변화를 싫어한다. 모든 것은 균형과 안정을 지향한다. 심지어 가장 합리적이고 유익한 변화임이 분명한데도 위협으로 느낀다. 현명한 지도자는 현 상황을 개선하는 것이 꼭 필요할 뿐만 아니라 사람들이 먼저 그 일을 위해 나설 수 있도록 분위기를 만들어나간다. 변화는 고상하고 타성을 깨뜨리기 때문에 중요한 것이 아니라 사명을 이루는 과정이기 때문에 중요하다. 이러한 인식이 보편화될 때 우리는 의사결정의 정상적인 과정으로 질문과 토론을 환영하게 된다.

리더와 소속원들은 위와 같은 공통된 인식과 솔직한 분위기 속에서 지나친 용기와 세심함의 양 극단 사이에 있는 중간지점을 추구할 수 있게 된다. 성장하는 교회, 성장하는 성도들은 하나님이 주신 사명에 대해 용기와 지혜를 가지고 반응하는 사람들이다. 그들은 새로운 물로 뛰어들 만큼 용기가 있고, 노와 자원과 사람들을 가지고 갈 만큼 지혜롭다.

마키아벨리는 사람들이 변화에 직면하면 두려움을 느끼지

만, 대부분은 변화의 유익을 보거나 경험하면서 변화에 호의적으로 변하는 사실을 지적했다. "새로운 것을 시작하는 것만큼 다루기 위험하고 성공에 회의적이고 실행하기 어려운 것이 없다. 개혁을 추진하는 사람에게는 적이 있는데 그들은 옛 질서 하에서 이익을 누려온 기득권층이다. 변화에 대해 미온적태도를 가진 사람들은 새로운 질서로 이익을 보는 사람들이다. 그들의 미온적인 태도는 자기들에게 유리하게 법을 만드는 적들에 대한 두려움에서 부분적으로 비롯되고 한편으로 실제로 변화의 결과를 경험하기 전까지 새로운 것을 절대 믿지 않는 인간의 간사함에서 비롯되는 것이다."

어떤 사람은 앞으로 나가기 전에 두려움을 정복할 필요가 있다고 생각하지만 그것은 옳지 아니다. 솔직한 군인이라면 그는 전쟁에 나가기 전에 두려움을 느낀다고 말할 것이다. **용기는 두려움이 없는 상태가 아니라 두려움에도 불구하고 행동으로 옮기는 것이다.** 나는 다윗 왕의 정직함에 감동을 받았다. 그는 역사상 가장 뛰어난 지도자 중 한 사람이었다. 그가 쓴 시편을 읽어 보면 그가 의심과 혼란과 두려움 가운데서 용기를 가졌음을 알 수 있다. 그는 적으로부터 공격을 받거나 무고히 비난을 받을 때 주님에게 자신의 마음을 토로하였다.

하나님이여 나를 긍휼히 여기소서 사람이 나를 삼키려고 종일 치며 압제하나이다. 나의 원수가 종일 나를 삼키려 하며 나를 교만히 치는 자 많사오니 내가 두려워하는 날에는 주를 의지하리이다.　　　(시편 56 : 1~3)

우리 중 많은 사람들은 약한 모습을 보이는 것이 싫어서 두려움을 인정하지 않는다. 나는 어떤 일을 너무 걱정해서 수개월 동안 잠을 잘 이루지 못했던 사람과 이야기를 나눈 적이 있었다. 그들은 다른 사람이 자신의 상태에 대해 물어볼 때 "모든 것이 잘되고 있습니다. 문제 없습니다" 라고 말했다. 또 몇 주 동안 가슴 속에 풀리지 않은 응어리를 가진 채 살아왔던 사람과 대화를 나눈 적이 있었는데, 그는 "소화가 잘 되지 않아서요. 괜찮아요"라고 말했다.

실패에 대한 두려움, 다른 사람으로부터 비난을 받을지도 모른다는 두려움, 다른 사람으로부터 인정 받지 못할 지도 모른다는 두려움 등을 느끼게 될 때, 나는 그때야말로 회개가 필요한 시점이라는 것을 배우게 되었다. 그 순간이 되면 두려움에 빠진 채 계속 살아갈 것인지 아니면 다윗처럼 하나님의 주권과 사랑에 의지해야 할 것인지 선택해야 한다. 나는 현재의 걱정과 불확실한 장래에 대해 하나님에게 전적으로 의지하는 것이 현명한 선택이라는 것을 배웠다.

리더십은 다른 리더들의 변화를 이루어낸다

사람들은 사용되고 있다는 느낌에 익숙해져 있다. 직장에서, 학교에서, 가정에서 많은 사람들이 큰 기계의 작은 부품처럼 느끼며 살아간다. 우리가 다른 사람에게 존중 받고 있다고 느낄 때, 특별히 하나님의 사랑을 경험하기를 원하고 있다고 느낄 때 그것은 매우 새로운 의미를 던져준다.

예수님은 제자들 스스로 하나님께서 그들을 위해 예비하신 모든 것을 경험하기를 원하셨다. 그는 십자가의 길이 때때로 어렵고 고통스럽지만, 그 고통은 변화 받은 영혼들을 볼 때 큰 즐거움으로 상쇄된다고 분명하게 말씀하셨다. 제자들은 예수님을 따르기 위해 그물을 버리고, 세리의 자리를 버리고, 다른 편안한 직업을 버렸다. 왜? 그것은 그분이 자신들이 결코 꿈꾸어보지 못한 것을 제공했기 때문이다. 그들의 인생에 진정한 사랑과 의미 있는 일을 제공했기 때문이다.

우리는 하나님의 백성들을 돌아보는 특권을 부여받았다. 성도들이 주님의 진실한 사랑을 보고, 우리를 따라서 그들 자신의 의미 있는 일을 추구하도록 만들어라.

사랑과 의미 있는 일은 둘 다 매우 매력적이다. 그러나 많은 사람들이 인생에서 이것들을 만들어내지 못하고 있다. 경영학과 기업경영자의 리더십에 관한 전문가인 피터 드러커는, 현재 우리가 해야 할 일의 목록에 좋은 아이디어를 추가하는 것이 반드시 바른 대답은 아니라고 말했다. 그는 리더십에 관한 세미나에서 "오늘 배운 것의 결과로서 무엇을 포기할 것인가?"라는 질문을 했다.

우리들이 첫째로 해야 할 일은 삶에서 필요 없는 것들을 제거하고 대신 꼭 필요한 것으로 바꾸는 것이다. 이것을 다르게 표현하면 "현재 하고 있는 것 중에서 올해 그만 두어야 할 20%는 무엇이며 대신 새로 시작해야 할 일은 무엇인가?" 이다. 삶에서 빠른 변화를 이루어낼 수 있는 사람은 많지 않지만 불필요한 것 20%를 찾아서 제거하는 것은 한결 쉬운 일이다.

리더는 사람들을 끌어모은다

프랑스의 전직 수상이었던 한 분은 "큰일을 하고 있다면 사람은 저절로 모일 것이다. 작은 일을 하고 있으면 모여드는 사람이 별로 없을 것이다"라고 말했다. 리더는 다른 리더를 끌어모은다. 비전을 가진 사람은 비전을 함께 나눌 사람을 모은다. 다른 사람을 배려하는 사람은 다른 자비로운 마음을 가진 사람을 모은다. 리더들은 자석과 같아서 다른 사람을 모은다. 그것은 사람들이 인생에 대해 열정을 가지고 변화를 이루어내는 사람들 주변에 있기를 원하기 때문이다.

다른 사람의 모범이 되면 좋든 싫든 굉장한 영향력을 끼친다. 훌륭하고 경건한 리더들은 주위 사람들에게 큰 영향을 미친다. 바울은 매우 엄정한 사람이었지만 주변 사람들에 대한 사랑이 넘쳤다. 그래서 자신이 그들을 다시 보지 못할 것이라고 말했을 때 주변 사람들이 슬픔으로 눈물을 흘렸다. 그가 보여준 사랑과 열정은 매우 강력해서 그가 떠나자 남은 사람들은 교회를 세우고 하나님의 나라를 확장했다.

다른 사람들을 강요하고 지배하고 충동적으로 일하는 리더들은 다른 사람들의 삶을 파괴한다. 반대로 무기력하고 냉담적인 리더들도 추종자들의 삶에 똑같은 결과를 가져온다. 리더들은 모두 유산을 남긴다.

점진적인 변화는 급격한 변화로 인해 위험에 직면할 때 마주치는 고통보다 적은 고통을 요구하기 때문에 처음에는 그럴듯하게 들린다. 그러나 점진적인 변화는 작은 꿈, 작은 믿음, 성장을 멈춘 리더를 유산으로 남긴다. 열정은 점진적인 변화의 방부제다. 그것은 자석과 같은 것이다. 나는 무모한 약속이나 비정상적인 아이디어를 옹호하려는 것이 아니다. 그러나 하나님의 위대함과 선하심을 통해 삶이 변화되고, 주변 사람들이 필요로 하는 일을 위해 재능과 자원을 사용해서 하나님의 목적을 이뤄나가는 사람들을 적극 지지한다. 그런 사람들은 점진적인 변화를 위해 타협하지 않을 것이다. 그들은 큰 꿈을 가지고 있고, 하나님이 그들을 통해 이루고자 하시는 일을 이뤄나갈 것을 신뢰한다.

리더는 솔직하다

리차드 백스터는 16세기 영국의 청교도 목사로서 하나님에 대한 뜨거운 사랑과 다른 목사들에게 큰 영향을 미친 분으로 유명하다. 백스터는 평생 고통을 안겨준 신체적 장애를 가지고 살았지만, 자기가 맡고 있던 교구 성도들은 그가 자신들을 극진히 사랑하고 있다는 것을 알았다. 그가 처음으로 자신의 교구에 갔을 때 그곳에는 크리스천이 한 명도 없었지만 그가 그곳을 떠날 때 그곳 주민 중에 불신자가 한 사람도 없었다고 한다. 하나님과 사람들을 향한 그의 사랑은 의심할 여지가 없다. 그는 솔직함이 사람들을 변화시키기 위해 꼭 갖추어야 할 선결조건이라는 것을 가르쳐주었다. 그는 **"사람들은 말과 행실이 일치하지 않는 리더들의 말을 따르기 위해 자신들이 현재 누리고 있는 가장 큰 쾌락을 포기하지 않을 것이다"**라고 말했다.

나는 자신의 실패와 성공에 대해 이야기하는 성숙함과 용기를 가진 리더들에게 마음이 끌린다. 윌로우 크릭 교회에서 주최한 컨퍼런스에서 빌 하이벨스 목사는 그의 성공과 실패에 대해 자주 이야기를 했다. 실제로 그는 실패를 통해 성공으로 이끄는 교훈을 얻었다.

　솔직해진다는 것 마음속에 있는 모든 비밀을 성도들에게 다 털어놓는다는 것을 의미하지는 않는다. 어떤 이야기는 하나님이나 멘토에게만 할 성격의 것들이다. 그러나 리더는 하이벨스 목사가 했던 것처럼 자신의 실패담을 나눌 수 있어야 한다. 그 일을 통해 우리는 성도들에게 하나님이 어떻게 우리의 관심을 모으고, 우리를 자신이 원하시는 방향으로 인도하셨는지 가르쳐줄 수 있다. 성도들은 자신의 실수를 통해 어떻게 교훈을 얻을 수 있는지에 대해 배우기를 원한다. 리더의 정직과 낙관주의적 태도가 그들에게 그러한 본보기를 제공한다.

　솔직함은 리더의 가장 매력적인 자질 중 하나이다. 그것은 강력하고 쾌활한 특징을 가지고 있다. 솔직한 리더를 따르는 사람들은 그가 자신들처럼 똑같은 문제로 고민하고 있기 때문에 그를 신뢰한다. 그는 실수로부터 배우고 햇빛과 노동의 비옥한 토양에서 자라난다. 그는 완전하지는 않지만 용기와 성실과 성장을 보여주었다. 교회 리더들은 높은 도덕적 기준을 가지고 살도록 부름을 받은 사람이다. 그것은 그들의 삶이 성도들의 본보기가 되기 때문이다. 솔직함, 정직, 성실은 사람들이 그의 말에 귀기울이도록 만든다.

양보할 수 없는 것들

최근에 한 친구가 "리더를 세울 때 무엇이 가장 중요한가?"
라고 물었다. 리더십 계발에 있어서 많은 중요한 원리와 방법들
이 있지만 벤치마킹, 경험의 공유, 아이디어의 활성화, 훈련이
중요하다고 생각한다.

첫째, 벤치마킹하라. 나는 벤치마킹의 효과에 대해 확신을 가
지고 있는 사람이다. 벤치마킹은 다른 교회에 가서 하나님이 그
곳에서 이루고 계신 것을 눈으로 직접 보고 질문을 던지고, 경험
하는 것이다. 우리는 서로에게서 많은 것을 배울 수 있다. 다른
교회나 기관에서 이루어진 하나님의 일을 배우기 위해 들이는
시간과 돈은 자신의 발전과 교회의 장래를 위해 지불할 만한 가
치가 있는 투자이다.

다른 교회에 가서 보면 종종 하나님이 믿을 수 없을 만큼 창
의적이시라는 것을 발견한다. 그분은 우리가 결코 생각하지 못
한 방법으로 일하고 계신다. 우리는 본 그대로 똑같이 모방할 수
는 없지만 우리는 하나님의 일과 다른 교회들의 아름다운 사역
에 대한 이해를 넓힐 수 있다. 그럴 때 우리는 하나님의 창의성
을 찬양하고, 각 교회가 하나님이 주신 비전에 대해 보여준 믿음
을 찬양할 수 있게 된다.

둘째, 경험을 공유하라. 이것은 특별히 남자 성도들의 리더십을 계발하는 중요한 방법이다. 어딘가로 함께 가라. 사냥을 가든지, 낚시를 가든지, 볼링을 하든지, 농구를 하든지 하라. 신체적인 활동을 하라. 특별한 목적을 이루는 프로젝트를 추진하라. 남자들은 그들이 함께 일할 때 유대감이 생긴다. 여성들은 남성과 달리 유대감을 가질 활동이 필요치 않다. 여성들은 한 방에 모여 한 시간만 함께 하면 다른 사람의 인생에 대해 서로 알게 된다. 그러나 남성들을 똑같이 한 시간 동안 한 방에 모아두면 상대방의 이름은 몰라도, 자신들의 취미나 스포츠에 대해 이야기를 나누게 될 것이다.

셋째, 사람들이 아이디어를 자유롭게 나눌 수 있도록 분위기를 만들어라. 나는 우리 교회의 모든 리더십 모임과 리더십 팀원들과의 일대일 만남에서 서로의 아이디어와 생각을 함께 나누고, 그들의 마음을 사로잡고 있는 생각과 하나님과 인생에 대한 그들의 이해를 확장시키는 생각을 발전시켜나가도록 격려하고 있다. 여러분이 가지고 있는 생각은 신학적이고 사회학적이고 목회 지향적이지만 그 모든 것들의 배후에는 한 가지 공통된 목적을 가지고 있다. 질문을 던지고, 반대 의견을 피력하고, 주의 깊게 귀 기울여라. 이러한 활동을 통해 사람들이 특별한 생각을 가지도록 가르쳐라.

넷째, 훈련하라. 리더로서 나의 역할 중 하나는 목표를 성취하는 과정에서 항상 리더십 계발을 염두에 두고, 그를 위한 교육내용들을 조정하는 것이다. 토론과 적용에 도움이 되는 우수한 책들이 시중에 많이 나와 있다. 나는 이 책도 많은 교회들이 그러한 목적을 위해 사용하기를 바란다.

리더들이 서로를 지지하고 발전적으로 자극하는 분위기를 만들어야 한다. 어떤 교회들은 일대일 제자 양육에 관심을 기울이고 있다. 이 방법은 좋은 것이기는 하지만, 소그룹 모임을 통해 참석자들 간에 이루어지는 역동성을 놓치고 있다. 또 다른 교회들은 비전, 목표 제시, 리더십 계발, 교회의 영향력 증대 보다는 행정적인 문제를 다루는 데 시간의 대부분을 사용한다. 교회 내에서 리더십 계발의 분위기를 만들기 위해서는 미리 생각하고 계획하는 것이 필요하다. 이러한 일은 때때로 힘들기도 하지만 그 혜택은 매우 크다. 여러분이 새로 모든 것을 만들 필요는 없다. 여러분이 언제든지 이용 가능한 많은 자료와 수단들이 이미 많이 나와 있다.

어떤 교회들은 리더십 계발을 위한 교과과정에 지나치게 집착한다. 물론 좋은 교과과정은 중요하지만 단지 첫 출발에 불과하다. 리더십 계발을 위해서는 참석자의 적극적인 참여와 서로 자극하는 분위기가 중요하다. 사람들은 다른 사람과의 관계를 통해 많은 것을 배우고, 강의보다는 봉사를 통해 많이 배운다. 어떤 교회는 리더십 계발이 우연히 이루어진다고 믿는 잘못을 저지르고 있다. 이런 경우 리더십 계발이 우연히 잘 이루어진다면 다행이지만 그러지 못할 때 성도들은 훌륭한 리더로 성장할 수 있는 기회를 잃게 될 것이다. 좋은 계획과 극단으로 치우치지 않는 균형감이 이러한 모든 장애를 극복하고 교회가 필요로 하는 리더십 계발을 가능하게 만들 것이다.

우리 교회는 사람들을 교육하는 데 많은 돈을 투자한다. 하나님은 나를 사람들의 리더십 계발을 돕는 역할을 담당하도록 부르셨다. 그래서 우리 교회 성도들이 리더십 팀을 떠났을 때, 그들의 삶이 한층 더 풍성하도록 만드는 것이 리더로서 나의 역할의 일부이다. 그들은 그 전에는 가지지 못했던 능력과 방향감을 가지게 될 것이다. 나는 교회에서 함께 일한 사람들이 새로운 기술과 능력 계발로 인해 과거보다 훨씬 나은 자리에서 일하고 더 성공하기를 원한다. 이것은 우리 교회에서 나와 함께 일하고 있는 부목사들을 포함하여 비서나 관리직원들을 위한 개인적인 목표이다.

벤치마킹, 경험의 공유, 아이디어의 활발한 토론, 훈련 등이 교회 내에서 이루어질 때 리더는 자연스럽게 생겨나고, 그들은 사역의 성공에 필요한 경험, 창의성, 성숙함을 겸비하게 될 것이다.

1. 모든 사람은 한두 가지 분야에서 다른 사람에 비해 뛰어난 재능을 가지고 있다는 말이 의미하는 것은 무엇인가요? 함께 일한 적이 있는 네 사람의 이름을 적어보세요. 각 사람이 가지고 있는 특별한 재능은 무엇인가요?

2. 다음 문장이 어느 정도 당신에게 적합한지 평가해보세요.

여러분의 능력과 은사의 20%가
여러분을 향한 하나님의 계획의 80%를 이룬다.

3. 다른 사람에게 미치는 당신의 영향력에 대해 아래 리더십 범주에 따라 0에서 10점까지 점수를 매겨보세요.

- 리더는 학습자다.
- 리더는 다른 리더의 변화를 가져온다.

- 리더는 비전의 소유자다.
- 리더는 사람을 끌어모은다.
- 리더는 위험을 감수한다.
- 리더는 솔직하다.

4. 앞에서 제시한 리더의 특성 중에서 당신이 가지고 있는 가장 큰 강점은 무엇인가요? 그 영역에서 당신의 영향력을 극대화하기 위해 무엇을 할 수 있을까요?

5. 앞서 제시한 리더의 특성 중에서 당신이 가장 노력해야 할 부분은 무엇인가요? 그 영역에서 당신이 개선해야 할 점은 무엇인가요?

6. 여러분의 교회에서 리더를 위해 당신이 할 수 있는 것은 무엇인가요? 그들을 다른 교회나 기관에 보내 배우게 만들고 싶은 것은 무엇인가요?

- 리더들 간의 경험을 공유하도록 하는 것
- 아이디어를 활성화시키도록 만드는 것
- 협력적인 팀 분위기를 만드는 것
- 전략, 기술, 사고 방법들을 훈련시키는 것

9

복음의 영향력을 증대하라

내가 진실로 진실로 너희에게 이르노니 나를 믿는 자는 나의 하는 일을 저도 할 것
이요 또한 이보다 큰 것도 하리니 이는 내가 아버지께로 감이니라 너희가 내 이름
으로 무엇을 구하든지 내가 시행하리니 이는 아버지로 하여금 아들을 인하여 영광
을 얻으시게 하려 함이라

| 요한복음 14 : 12 ~ 13 |

예수께서는 제자들에게 자신이 곧 죽을 것이라고 미리 말씀
하셨다. 그 전까지 제자들은 하나님의 나라가 도래하면 그곳에
서 자신들이 장관 자리를 하나씩은 차지할 것이라고 생각했다.
그러나 그들의 꿈은 얼마 안 가서 산산조각 나고, 그들은 몇 시
간이 지나지 않아서 도망자의 처지에 놓이게 되었다. 그러한 상
황은 그들이 원한 것이 아니었다.

제자들의 마음은 예수님과의 마지막 만찬 동안 심히 괴로웠

을 것이다. 그러나 예수님은 그들을 위로하시면서 "너희는 마음에 근심하지 말라 하나님을 믿으니 또 나를 믿으라"라고 말씀하셨다. 그는 도마나 빌립이 가지고 있던 오해를 풀어주시고 그들에게 자신이 해왔던 일을 계속 하라고 분명한 방향을 제시해주셨다. 제자들의 믿음 있는 행동은 그분에 대한 제자들의 확실한 신뢰의 표시라고 그들을 확신시켜주셨다.

예수님은 제자들에게 자신이 지금까지 해온 것을 계속 하라고 말씀하셨다. 제자들은 예수님의 말씀에 대해 의아해했다. 제자들은 예수님이 하나님을 신뢰하는 것을 보았고, 자신들을 훈련시키기 위해 전도여행을 보낸 것도 알고 있었다. 예수님은 제자들이 계속해서 그 일을 하기를 원하셨고, 심지어 그가 죽은 후에도 그렇게 하기를 원하셨다. 지금까지는 괜찮았다. 예수님은 거기서 멈추지 않으셨다. 예수님은 제자들에게 지금보다 더 큰 일을 이룰 것이라는 놀라운 말씀을 하셨다. 예수님의 말씀은 제자들의 마음을 혼란스럽게 만들었다. 예수님은 죽은 사람을 살리고 문둥병자를 치유하고 5,000명을 먹이시는 것보다 더 큰 것을 말씀하고 계시는가?

그러나 그것은 나중에 분명히 드러났지만 예수님께서 말씀하시고자 한 것이 아니었다. 그것은 예수님이 하나님 아버지께로 돌아가신 후 성령을 보내 제자들 안에 거하시도록 하겠다는 것이었다. 그러면 제자들은 전도와 리더십 계발이라는 양자의 조화 속에서 영향력을 증대시킬 수 있을 것이다. 예수님이 보이신 것보다 더 큰일을 이루는 이러한 현상은 조직단위에서 뿐만 아니라 개인차원에서도 이루어진다.

개인 차원

다른 사람에게 선하고 경건한 영향을 끼치는 것은 관계를 통해 이루어진다. 특히 한 사람이 다른 사람을 보고 배우는 것을 통해 이루어진다. 바울은 디모데에게 "또 네가 많은 증인 앞에서 내게 들은 바를 충성된 사람들에게 부탁하라 저희가 또 다른 사람들을 가르칠 수 있으리라(디모데 후서 2:2)"라고 말했다.

바울은 혼자서 선교여행을 다닌 적이 거의 없었다. 그는 대개 한두 명과 함께 다니면서 그들이 리더가 될 수 있도록 격려해주었다. 디모데는 바울과 여러 차례 복음을 전하고 교회를 개척하는 데 함께 했다(바울은 실제로 신약성경에서 그의 편지들을 통해 여섯 차례나 디모데를 공동저자로 기록하였다). 바울은 현대의 기업경영에서 보편적인 네트워크 마케팅의 원리를 이해하고 있었다. 바울은 하나님의 소명에 헌신적인 한 사람만으로는 하나님의 나라 확장에 충분치 못하다는 것을 알았다. 그리스도인은 그리스도를 향한 열정을 가지고, 다른 사람들이 필요로 하는 것을 채워주려는 마음을 지니고, 하나님의 나라를 확장하는 기술을 지닌 사람들을 가능한 한 많이 키울 필요가 있다.

주변 사람들에게 복음의 영향력을 증대시키는 가장 좋은 본보기 중 하나는 갈보리 교회 운동을 시작한 척 스미스 목사이다. 오늘날 수백, 수천의 사역자들이 "척 스미스 목사를 통하여 예수 그리스도를 만났고, 목회에 대한 소명과 비전을 발견했고, 사역을 위한 훈련을 받았다"고 말하고 있다. 스미스 목사는 큰 업적을 이룩하였다. 그는 리더십 계발 분야에서 큰 성과를 이루어낸 사도적 지위를 가진 사람이다. 오늘날 그의 사역을 보고 "그는 젊은 리더를 기르는 데 필요한 모든 자원을 가지고 있지 않는가?"라고 말하기 쉽다. 그러나 스미스 목사는 갈보리 교회 운동을 시작하기 전부터 리더를 세워왔다. 그는 단일 교회의 목회자였을 때부터 사람을 키우는 목사로 유명했다.

우리는 복음의 영향력을 증대시키기 위해 거대한 교회나 기관을 가질 필요가 없다. 내가 생각하기로는 젊은이들이 대형 교회보다 소형 교회에서 사역으로 부르심을 받는 경우가 많은 것 같다. 그 이유는 그들이 소형 교회의 가족적인 분위기 속에서 개인적인 관심을 받고 훈련을 받고 지도를 받기 때문이다. 교회가 성장해가면서 많은 사역자들이 신자들에게 관심을 기울이는 시간보다 교회 행정에 정성을 쏟기 마련이다.

나는 복음의 영향력을 증대시키는 소명에 관해 신실하고 헌신된 목사들과 이야기를 나누면서 그들이 혼란스러워 하는 것을 보았다. 어떤 분은 "내가 지금 그 일을 하고 있는 것이 아닌가요? 나는 매주 집사나 장로들과 시간을 보내고 있습니다. 이런 것이 당신이 말하고 있는 것이 아닙니까? 그렇다면 무엇인가 잘못된 것 같습니다. 왜냐하면 나는 복음의 영향력을 크게 증대시키고 있다고 생각하지 않기 때문입니다. 이런 사람들과 수년 동안 함께 보냈지만 그들은 여전히 그것을 얻지 못하고 있습니다."

각종 위원회나 교회 행정을 위한 모임은 디모데후서 2장 2절에서 말하고 있는 비전을 이루는 데는 큰 효과가 없다. 많은 목사들이 소수의 리더에게 관심을 쏟기보다는 많은 사람들에게 조금씩의 관심을 가지고 있다. 예수님의 삶을 살펴보자. 많은 사람들이 그분을 좇았다. 그러나 예수님은 그들 중 열둘을 뽑아 제자로 삼으셨다. 그 열둘 중에서 베드로, 야고보, 요한 세 사람과 주로 시간을 보내셨다. 우리 모두는 "나에게 베드로, 야고보, 요한에 해당하는 사람은 누구인가?" 하고 자신에게 물어볼 필요가 있다. 우리는 그 소수의 사람에게 마음과 시간을 쏟을 필요가 있다. 우리는 한 명, 혹은 두 세 사람에게 쏟을 수 있는 정도의 시간과 노력을 모든 집사와 장로에게 똑같이 쏟을 수 없다.

어떤 사람은 이 글을 읽고 "그러면 차별하는 것이 아닙니까? 내가 다른 사람과 보다 많은 시간을 함께 보내는 것을 알게 될 때 거기에 속하지 않는 사람들은 어떻게 반응을 보이겠습니까?" 하고 말할 수 있다. 좋은 질문이다. 예수님은 모두에게 사랑을 보이셨지만 그 중에서 세 명을 택해서 가장 친밀하고 관심을 쏟는 분위기 속에서 그들과 함께 하셨다는 것이다. 그것이 바로 그분이 우리에게 보여주신 본보기이고, 우리 각자가 따르기를 원하시는 것이다.

여러분들이 소수 리더들의 삶에 복음의 영향력을 중대시키기를 원한다면 두 가지 중요한 선택을 할 필요가 있다. 그것은 올바른 사람을 선택하는 것과 여러분의 시간과 힘을 이들과 함께 하는 데 집중하도록 일정을 전체적으로 조정하는 것이다. 단순히 마음이 좋은 사람이라고 선택하지 말고, 시간을 가지고 선택하라. 하나님에게 기도하면서 올바른 사람을 택할 수 있도록 해달라고 기도하라. 예수님은 열두 제자를 선택하기 전에 밤새도록 기도하셨다. 아마 여러분과 나는 하나님의 인도를 바라기 위해서 적어도 한두 시간은 기도할 수 있을 것이다.

주님은 여러분을 그동안 생각하지도 않았던 사람에게 관심을 기울이도록 인도하실 수 있다. 성령의 인도하심을 따라 가고, 그 사람과 정직한 대화를 나누라. 첫 번째 대화에서는 장기적인 제자 관계의 요청을 성급히 하지 말라. 그 사람에게 당신이 생각하고 있는 것을 이야기하고 하나님이 그 사람의 마음에 심어주시는 것이 무엇인지 알아보기 위해 질문을 던져보라. 그가 그리스도를 따르기로 분명한 결심을 하였는지 물어보고 두 사람이 기도하기로 약속하고 그 모임을 마쳐라(그런데 이러한 리더십 계발에서 남녀 혼성은 피하라. 남성은 남성 멘토를 여성은 여성 멘토를 가져야 한다).

나는 진심으로 여러분이 예수님처럼 소그룹을 만들고, 그룹 구성원들의 통찰력이나 열성으로부터 도움을 입을 수 있기를 권한다. 제자가 될 사람을 현명하게 고르는 다른 방법은 단기 훈련을 위해 한 달 동안 집중적으로 예비 후보와 함께 하는 것이다. 이를 통해 장래 후보자가 될 사람이 여러분의 리더십에 순종하는지 살펴볼 수 있다. 그들이 순종을 보인다면 보다 장기적인 관계를 제안함으로써 다음 단계로 넘어갈 수 있다. 그렇지 못하다면 단기적인 관계는 그것으로 은혜스럽게 끝낼 수 있다. 처음에는 시간을 충분히 가지는 것이 좋다. 그래야만 성급한 선택으로 잘못된 사람을 골라 엉뚱한 시간을 들이고 나서 한참 후에야 잘못되었다는 것을 깨닫는 실수를 피할 수 있다.

두 번째 중요한 요소는 여러분의 일정이 멘토링을 수행할 수 있도록 전체적으로 재조정하는 것이다. 이미 바쁜 일정에 이러한 일을 추가하는 실수를 저지르지 마라. 여러분의 시간과 노력을 몇몇 사람에게 나눠주는 것이 중요하다면(나는 그것이 성경적 리더십의 내용이라고 생각한다), 현재 여러분이 하고 있는 일을 다시 살펴보고 중요도가 낮은 일을 포기하라. 그리고 디모데와 같은 제자 양육을 위한 일대일 또는 소그룹 모임과 이를 위한 기도 및 준비하는 시간을 마련하라.

모든 교회에는 제대로 된 멘토링을 받기를 원하는 사람들이 있다. 내가 멘토링한 첫 번째 사람들 중 한 사람은 교회에서 리더십 역할을 하도록 소명을 받았다고 느끼는 대기업의 인사담당 부사장이었다. 그로부터 제자화 훈련을 요청받았을 때 나는 부목사의 신분이었다. 나는 처음에는 어색하게 느껴졌다. 그 이유는 그는 35세였고, 나는 26세에 불과했기 때문이었다. 그러나 그는 나의 태도에 전혀 개의치 않았다. 우리는 일 년 동안 매주 목요일 아침에 만나기로 약속했다. 나는 그에게 인사문제에 관해 나에게 가르쳐준다면 나는 리더십에 관해 배운 모든 것을 가르쳐주겠다고 약속했다. 그해는 대단히 의미 있는 시간을이었다. 나는 사람을 고르고 배치하는 것에 대해 많은 것을 배웠고, 그는 교회의 활동적인 리더가 되었다.

그와 같은 초보적인 멘토로서 나의 경험을 통해 몇 가지 중요한 교훈을 얻게 되었다.

- 우리는 디모데와 같은 제자를 선택할 때도 있지만 가끔은 그들이 우리를 선택할 때도 있다. 우리는 주님의 놀라운 역사에 대해 마음을 열어놓고 그것을 받아들일 필요가 있다.

- 우리는 멘토/제자 관계에서 그리스도에 대한 열정을 인위적으로 만들어낼 수 없다. 관계를 시작할 때 이미 열정이 없으면 그 사람은 진정한 제자가 되지 못한다. 대신 우리는 하나님이 그 사람 안에 이미 불꽃을 심어놓으셨으나 아직까지 제대로 타오르지 못하고 있는 사람을 찾아야 한다.

- 복음의 영향력을 증대시키려면 시간과 관심을 집중해야 한다. 우리는 어떤 일이 있어도 매주 목요일 아침에 함께 만났다. 우리는 다른 일로 그 시간을 대체해야 하는 순간에서도 그 만남을 가장 우선순위로 삼았다.

- 멘토링 관계는 일방적인 관계가 아니다. 나는 그가 나로부터 배운 것만큼 나도 그로부터 많은 것을 배웠다. 나의 개방적인 태도와 그의 능력과 재능에 대한 나의 인정을 통해 우리는 한결 깊고 강하며 따뜻한 관계를 가질 수 있었다.

좋은 리더십은 어머니의 따듯한 사랑과 군인과 같은 강인함의 조화가 필요하다. 이러한 조화는 제자의 선택에서 시작한다. 여러분은 "내가 당신의 디모데가 되겠습니다"라고 말하는 모든 사람에게 한결같은 시간과 노력을 들일 수는 없다. 바울은 그것이 무엇이었는지 분명하지 않지만 마가의 실패로 인해 그를 다음 선교여행에 데리고 가지 않았다. 바울은 용서를 모르고 관대하지 못했던 것인가? 아닐 것이다. 그는 하나님의 소명과 자기 시간에 대한 청지기 의식을 가지고 있었다. 나중에 마가가 자신을 증명했을 때 바울은 다시 사역에 그의 도움을 부탁했다.

'위원회 모임을 통한 리더십 계발' 전략이 전혀 효과가 없는 것이다. 어떤 교회는 기업에서 사용하는 최신 리더십 기법을 사용하고 있는 것을 자랑한다. 우리가 성경을 통해 찾아볼 수 있는 교훈은, 소수의 사람에게 우리의 사랑과 관심과 재능을 풍성히 나누어줄 때 그들이 우리가 한 것처럼 다른 사람에게 사랑을 나누어줄 만큼 성장한다는 것이다. 우리는 기업에서 사용하고 있는 우수한 방법들을 교회에도 적용할 필요가 있다. 우리는 예수님과 바울이 하신 것처럼 기도와 분별력과 주의 깊은 선택과 재능을 나누어주고, 잘 훈련된 사람을 사역에 활동토록 함으로써 영향력을 증대시킬 수 있다.

조직 차원

피터 와그너는 교회 개척은 오늘날 세계에서 유일한 가장 효과적인 선교방법이라고 말했다. 그에 따르면 이러한 결과는 선교에 가장 역점을 두는 것으로 알려지고 있는 미국남부 침례교단의 교회를 포함하여 미 전역에 산재해 있는 모든 교회에서 통계적으로 검증 가능하다. 기성교회에서 새로운 교인 대비 기존 교인의 비율은 개척교회에서보다 10배나 높다. 이런 결과에 대한 원인은 단순하다. 그것은 '안일의 법칙' 때문이다. 기성교회는 전도보다는 교인들이 필요로 하는 것과 현 상황을 다루는 데 에너지의 대부분을 집중한다.

개척교회의 관심은 지역사회에 전도하는 것이다. 그 지역에서 교회를 시작한 이유는 불신자들에게 복음을 전하기 위해서다. 불신자에게 복음을 전하는 것은 기성교회에도 똑같이 적용된다. 그러나 기성교회가 안일의 법칙을 극복하려면 패러다임을 전환하여 구습에 의존하는 교회 운영에서 벗어나 효과적인 리더의 계발과 새로운 전도방법을 결합한 비전을 가져야 한다.

하나님의 뜻을 이루고자 염원하는 모든 리더와 교회는 선교에 대한 사명을 마음속에 가지고 있다. 우리는 종종 선교를 먼 나라의 정글 속으로 가서 원시적인 생활을 하는 사람들과 같이 생활하면서 복음을 전하는 것만으로 생각한다. 그러나 전 세계가 모두 우리의 선교 무대다. 힘들고 적대적인 이슬람국가로부터 이야기 건네기 편한 이웃들도 모두 선교 대상이다. 우리는 가장 우수하고 총명한 사람들을 외국에 선교사로 보낼 수 있지만 가까운 지역사회에서 교회를 개척함으로써 사람들에게 전도할 수 있다. 예수님의 대사명은 예루살렘과 유대와 사마리아와 땅 끝까지 복음을 증거하는 것이다. 우리는 땅 끝으로 가는 동시에 현재 살고 있는 고향도 잊지 말아야 한다.

우리가 카손 밸리 지역에서 교회를 개척할 때 사람들로부터 "왜 여기서 교회를 시작합니까? 모든 사람이 이미 교회를 다니고 있는데요"라고 말하는 전화를 자주 받았다. 그러나 우리들이 조사한 바에 따르면 단지 5%만이 교회를 다니고 있었다. 기성교회는 종종 새로운 교회를 개척하는 데 쏟는 에너지에 대해 그 필요성과 효과를 의심한다. 그들이 처한 환경에 비춰보면 새로운 교회를 개척하는 것은 이해하기 어려운 것처럼 보일 수 있다. 혁신적 기업가들도 새로운 사업에서 똑같은 경험을 한다. 사람들은 그들에게 "왜 그것을 하려고 하십니까?"라고 묻는다.

그러나 예수님은 우리에게 불신자들에게 복음을 전하도록 하는 대사명을 주셨다. 전미교회성장연구소(the American Society for Church Growth)에 따르면 미국의 전 카운티(행정단위)에서 10년 전보다 교인이 늘어난 곳은 단 한 곳도 없다(카손 밸리 지역에서는 그 통계가 틀릴 것이라고 우리는 생각한다). 미국 모든 지역 사회에서 불신자들에게 복음을 전하고자 하는 비전과 마음을 가진 새로운 교회가 필요하다. 교단 간부와 개척교회 목사로서의 경험을 통해 주님은 새로운 교회를 개척하는 과정을 분명하게 보여주셨다. 다음에 설명하는 것은 새로운 교회를 개척하거나 기존 교회가 유사한 교회를 하나 더 개척하는 경우에 적용할 수 있는 11단계의 과정이다(자세한 내용을 알고 싶으면 비전퀘스터 선교회(VisionQuest Ministries)의 홈페이지(www.vqresource.com)을 방문하라).

1단계 : 구체적이고 분명한 비전을 가져라

교회 개척은 하나님께로부터 온 분명한 비전을 가지고 시작해야 한다는 것을 명심하라. 선교하고자 하는 대상에 대해 분명한 아이디어를 가지지 못하고 있다면 여러분은 어려움을 겪게 될 것이다. 이러한 비전은 새로운 교회의 리더십 팀에 가입할 성도들과 기도를 통해 함께 가져야 한다.

2단계 : 재정계획을 포함하여 적극적인 활동계획을 수립하라

활동계획을 수립하는 데 참고가 되는 수많은 자료가 있다. 여기에서는 그 중 네 가지만 추천한다 :

• 목적이 이끄는 교회 개척 자료(Purpose Driven Church Planting Materials) (www.purposedriven.com)

• 역동적인 교회 개척(Paul Becker, 619-749-9347)

• 개척교회 설립자를 위한 자료집(Church Planter's Toolkit)(Bob Logan & Steve Ogne, 교회자료선교회)

• 개척교회로 성공하는 법(Ray Johnston, www.baysideonline.com)

개척교회를 시작하는 사람들은 새로운 교회를 성공적으로 개척하는 데 필요한 돈의 규모를 과소평가하는 경향이 있다. 그들은 또한 총회, 모교회, 후원자들의 지원금액을 부풀려 생각한다. 여러분의 선교활동에 관심이 있는 사람을 찾아가라. 그들이 여러분의 비전을 지원해줄 것이다. 그들은 여러분의 선교활동을 통해 자신들의 삶에서 하나님의 역사를 경험하기 때문에 여러분의 사역에 경제적인 도움을 줄 것이다.

3단계 : 신앙단계별 교회 참여 유도 프로그램 설정

　　성도들의 신앙 성숙의 정도에 따라 교제나 봉사활동에 사람들을 참여시키는 방법을 달리 할 필요가 있다. 우리 교회는 처음부터 분명한 계획을 수립함으로써 교회 리더십 팀원들은 우리 교회가 가고자 하는 방향에 대해 확신을 가질 수 있었다. 릭 워렌 목사가 새들백 교회에서 보여준 방법은 우리 교회에 가장 적합한 것이었다. 우리는 워렌이 말한 야구 경기장의 다이아몬드 형상을 관심끌기(Attract), 교인만들기(Attach), 적극적인 교인만들기(Activate)의 세 단어로 된 삼각형으로 변형시켰다. 시간이 지나면서 우리는 단순 방문자, 교인, 리더의 세 그룹에 집중하는 전략을 수립했다. 사람들을 교회에 참여시키는 과정이나 활동은 교인 숫자에 따라 다르지만 그것들은 대개 성도들을 교제나 봉사활동에 참여토록 만드는 것이다.

4단계 : 신축적인 계획 수립과 돌발상황에 대한 대비책 마련

　　우리는 문서상으로 여러 가지 중요한 계획을 수립했고, 그 중 일부는 실제로 실행하였다. 60초짜리 라디오 광고 13회 분을 방송하였지만 지역주민 중 한 사람도 반응을 보이지 않았다. DM 발송도 카손 밸리 지역에서는 생각한 것보다 효과가 없었다. 그러나 우리는 지역사회에 맞는 중요한 전략을 발견할 수 있었다. 그것은 지역공영 TV방송과 신문 간지를 이용하는 방법이었다. 개척 초기 신문 간지의 대부분이 내 동생 진의 작품인데 지금 봐도 훌륭하다. 우리는 유연한 사고를 가졌으며 마침내 불신자들로부터 매우 긍정적인 반응을 얻을 수 있었다.

5단계 : 기도하면서 경건한 리더와 사역자들을 얻기 위해 노력하라

개척교회의 가장 큰 위험 중 하나는 내부 분열이다. 성도들을 돌아볼 리더십 팀을 제대로 구축하지 못하고 전도에만 열심인 개척교회는 처음부터 문제를 안고 가는 것이다. 재능과 열정을 지닌 리더가 교회 개척을 시작할 때부터 함께 할 수 있도록 열심히 그들을 찾아라. 그들과 함께 교회의 각 부서, 주일학교, 중고등부, 대학부 등을 어떻게 준비할 것인지 구체적인 계획을 수립하라.

6단계 : 공식적인 출범에 앞서 3~6개월 정도 개척 준비 예배를 드리면서 핵심 성도가 성인 기준으로 100명 이상 되도록 만들어라

우리는 개척 준비 예배를 드리면서 공식적인 출범 시에 가지고 싶은 교회 모습을 만들기 위해 노력했다. 우리는 개척 준비 예배에 참석한 사람들이 예수 그리스도를 구주로 영접하고 카손 밸리 크리스천 센터 준비모임의 일원이 되도록 격려했다. 매 예배마다 20명 이상의 사람이 새로이 준비모임에 참여했다.

7단계 : 성도들을 교회 내 부서와 프로그램에 참여토록 유도하라

교회 개척 준비 예배 후에 우리는 사람들이 3단계에서 말한 대로 관심끌기(Attract), 교인만들기(Attach)의 과정을 밟도록 도와주었다. 주일 오후에는 내가 직접 복음의 내용과 우리 교회의 비전을 설명하는 성경공부반을 운영하였다. 돌이켜보면, 이 성경공부반은 발전의 큰 계기가 되었다. 주일 아침 예배에 감동을 받은 사람들이 호기심으로 오후에 개최되는 성경공부반에 참석하였다. 1998년 2월 공식적인 교회출범일 이전 5개월 동안 우리는 사람들이 교회 각 부서와 성경공부반, 소그룹 모임에 참여토록 만들었다. 이 기간은 우리 교회의 향후 성패를 결정하는 중요한 시기였다. 나는 개척교회를 준비하시는 분들에게 이와 같이 성도들을 교회활동에 전략적으로 참여토록 하는 일에 많은 시간을 기울일 것을 권하고 싶다.

8단계 : 핵심 성도들로 '교회출범모임'을 만들어, 역할을 분담시키고 출범을 준비하라

우리 교회가 공식적으로 출범하던 날까지 100명의 성인 중 65명이 성경공부반을 이수했고 교회 각 부서에서 봉사를 하고 있었다. 우리는 사람들에게 교회 출범을 위한 고유한 역할을 맡겨서 각자가 교회 출범에 대한 인식을 가질 수 있도록 만들었다. 우리는 성도들을 적극적으로 교회활동에 참여토록 하는 일을 교회 개척 초기부터 시작해서 지금은 우리 교회에서 빼놓을 수 없는 부분으로 정착시켰다.

9단계 : 교회 출범 2개월 전부터 지역 주민들에게 홍보하라

내 동생 진은 지역 주민들의 관심을 끌기 위한 홍보자료를 만들었다. 처음에 우리는 '다가오는 역사상 가장 위대한 날'이라는 문구로 우리 교회의 출범일을 알렸다. 그러고 나서 '인생이라는 게임에서 큰 승리를 거두는 법'이라는 문구로 내가 하는 설교와 성경공부반을 알리는 홍보를 계속했다. 우리는 성도들이 접어서 지갑에 넣다니면서 만나는 사람들에게 나누어줄 수 있는 홍보자료도 만들어 배포했다. 우리는 지역사회의 관심을 끌기를 원했다. 교회를 공식적으로 출범하던 날까지 우리는 '큰 행사'라는 생각을 심어주기 위해 노력했다. 전도는 우리 교회의 비전의 핵심이다. 조지 바나는 교회를 찾는 사람들 중 40%가 교회에서 개최하는 특별행사 때문에 온다고 말했다.

10단계 : 훌륭한 공식 출범행사를 계획하고, 교회의 핵심가치를 홍보하라

아무리 준비를 열심히 해도 실수는 생길 수 있다. 날씨가 나빠지거나 중요한 사람이 병에 들 수도 있지만 공식 출범행사에 꼭 빠뜨릴 수 없는 것을 미리 결정하라. 우리 교회의 경우 다음 세 가지 내용은 꼭 지키기로 정했다.

- 참석자들에게 의미를 주는 성경 메시지
- 현대 교회음악
- 우수한 주일학교 프로그램

이 세 가지 내용은 지금까지 우리 교회의 특징으로 남아 있다. 우리는 가능한 한 공식 출범행사를 크게 개최하기로 했다. 우리 교회로부터 50km 범위 내에 약 100,000명의 사람들이 살고 있는데, 그 중 약 0.5%의 사람들이 교회 출범행사에 참여토록 한다는 목표를 세웠다. 그 후에 이 목표를 배로 늘려서 1%로 정했다. 어떤 식으로 개척교회를 시작하느냐 하는 것은 여러분의 사역활동에 생각하는 것보다 훨씬 큰 영향을 미친다. 시작을 잘하라.

11단계 : 계속 나아가라! 교회 지도부를 구성하고 지속적으로 문제를 개선해나가라

교회 지도부를 구성하는 데 시간을 들여라. 자신부터 먼저 긍정적인 생각을 가지고 리더들에게 빌립보서 4 : 13에서 말하는 것과 같이 지속적으로 문제를 개선해나가라. 긍정적인 문화를 만들어라. 하나님은 항상 선하시다. 하나님이 모든 것에 대한 주권을 가지고 계시다. 교회는 그분의 것이다. 여러분은 하나님이 주신 재능과 자원을 관리하고 있을 뿐이다. 하나님이 교회의 성장을 이끌어나가신다. 하나님은 여러분이 생각하는 것 이상으로 일을 만들어가실 것이다. 여러분은 그분의 말씀의 씨앗을 뿌리는 것으로부터 30배, 60배, 100배의 결실을 거두게 될 것이다.

예수님과 바울 사도의 사역활동을 살펴보면 그분들의 삶이 몇 가지 중요한 요소들로 특징 지워지는 것을 발견하게 된다. 그것은 하나님의 뜻과 목적에 대한 전적인 헌신, 하나님을 섬

기는 데서 오는 기쁨과 열정, 선교와 제자 양성의 절묘한 조화
이다. 그분들은 제자를 양성하면서 주의 깊게 후보자들을 선별
하고, 그들에게 온 마음을 다해 정성을 쏟고, 다시 세상으로 보
냄으로써 복음의 영향력을 증대시켰다. 이것이 또한 우리가 해
야 할 일이다.

1. 여러분에게 가장 강력하고 긍정적인 영향을 끼친 사람은 누구입니까? 그 사람은 어떻게 여러분에게 그리스도의 사랑과 삶을 나눠주고 여러분을 신뢰하고 자라날 수 있도록 도와주었나요?

2. 여러분은 바울에게 디모데와 같은 한두 명의 제자를 양육하고 있습니까? 여러분은 그들에게 그리스도의 사랑, 소망, 통찰력, 기술 등을 어떻게 그리고 왜 나눠주는지 설명해보세요.

3. 제자로 양육할 사람을 올바르게 선택하는 방법에는 어떤 것이 있을까요?

4. 여러분의 일정을 살펴보고, 언제, 어디서, 어떻게 한두 명의 제자
   를 양육할 것인지 결정하세요. 그러한 일을 하기 위해 여러분이
   포기해야 하는 것은 무엇인가요? 그리고 어떤 준비를 할까요? 여
   러분과 제자가 될 사람은 어떤 유익을 얻을 수 있을까요?

5. 여러분이 경험해본 것 중에서 가장 성공적인 개척교회 설립에 대
   해 말해보세요.

6. 교회 개척에 대한 개인적인(혹은 여러분이 속한 교회의) 비전이나
   결심을 설명해보세요.

7. 이 장에서 제시한 11가지 단계에 대해 간단히 설명해보세요. 그 중 어느 것이 특별히 중요하다고 생각하나요? 어느 것이 가장 이루기 쉬울까요?

8. 교회 개척이 여러분의 전략적 계획의 중요한 부분으로 자리 잡고 있나요? 그렇다면 왜 그런지, 그렇지 않다면 왜 아닌지 말해보세요. 만일 그렇지 않다고 생각한다면 어떻게 해야 중요한 부분으로 자리 잡도록 할 수 있을까요?

10

계획 없는 비전 A Vision without a Plan

주 외에는 자기를 앙망하는 자를 위하여 이런 일을 행한 신을
예로부터 들은 자도 없고 귀로 깨달은 자도 없고 눈으로 본 자도 없었나이다

| 이사야 64 : 4 |

이 책은 계획 수립에 관한 책이 아니다. 이 책은 비전과 전략에 관한 것이지만 계획은 하나님이 여러분과 여러분의 교회에 주신 꿈을 이뤄나가는 데 매우 중요하다. 하나님은 우리가 교회를 생각하는 것보다 훨씬 큰 것을 이뤄나갈 것이다.

이사야 선지자는 큰일을 이뤄가는 데 대한 하나님의 선하심과 위대하심에 대해 경이감을 가졌고, 그로 인해 하나님을 기다려야 하는 중요성에 대해 기록하였다. **기다림은 시간의 함수가**

아니라 기대의 함수이다. 나는 공항에서 택시를 기다리고 있을 때 조만간 택시가 올 것이라고 기대한다. 똑같이 하나님을 기다리는 믿음의 소유자는 그 분이 자신의 뜻에 따라 행동하시며 우리들에게 훌륭하고 놀라운 것을 주시리라 기대한다.

하나님은 우리를 자신의 사역에 참여토록 부르셨고, 계획은 하나님의 나라를 확장해가는 과정에서 중요한 역할을 차지하고 있다. 우리는 그 일을 위해 전쟁을 준비하는 군사와 같고, 운동경기를 준비하는 선수와 같고, 쟁기를 갈고 씨를 뿌리고 물을 주며 풍성한 수확을 기대하는 농부와 같다.

사람들 중에는 절제된 마음과 계획에 재능을 가진 사람들이 있다. 그들은 창조적이고 개념화에 능하고, 외견상 무질서하게 보이는 행사나 사람들을 전체로 온전하게 조직화할 수 있는 사람들이다. 그러나 많은 크리스천 리더들이 이런 데는 재능이 부족하다. 그들은 주로 하나님과 성도들을 사랑하기 때문에 그런 지위에 있다. 그들의 장점은 성도들과의 관계에 있지, 어떤 일을 개념화하는 능력에 있지 않다. 그러므로 현명한 리더들은 협력사역을 할 줄 안다. 그들은 자신이 가지지 못한 능력을 가진 사람을 두려워하는 대신에 자기를 보완해줄 재능을 가진 사람을 찾는다. 각각의 사람이 자신의 힘을 최고로 발휘할 때 우리는 더 많은 것을 이룰 수 있다.

계획을 계획한다

스티븐 코비 박사는 사람들에게 늘 "결과를 생각하면서 일을 시작하도록" 이야기하고 있다. 계획의 첫 번째 단계는 하나님이 우리를 통해서 이루기를 원하시는 것에 대한 분명한 비전을 가지는 것이다. 이 책에서 제시한 다섯 가지 전략을 실행하기 위한 구체적인 계획을 세우기 전에 리더들은 잠시 멈춰 서서 자신의 실행계획을 수립하는 과정들을 살펴볼 필요가 있다.

분명하게 정립된 비전은 등산하는 사람들에게 있어 나침반과 같다. 리더들은 자기 교회를 향한 하나님의 소명을 분별할 수 있도록 기도하고, 성경을 연구할 필요가 있다. 모든 교회는 예수님이 말씀하신 대로 하나님을 사랑하고, 땅 끝까지 복음을 증거할 대계명과 대사명을 받았다.

목회철학이 자리를 잡아감에 따라 목사와 최고 리더들은 교회 내 중간 리더를 키우는 전략을 수립해야 한다. 예배나 소그룹 모임, 그리고 다른 활동들에서 비전, 관계, 프로그램의 세 가지 요소가 반드시 포함되어야 한다. 비전은 성도들로 하여금 더 큰 일을 이루기 위해 하나님을 신뢰하도록 만들고, 관계는 성도들이 목사와 최고 리더들의 말에 경청하고, 들은 것을 실행으로 옮기는 데 필수적인 따뜻한 분위기와 역할 모델을 제공한다. 그리고 프로그램은 성도들이 필요로 하는 일을 이루기 위한 과정들을 제시해준다. 이 세 가지에 있어서 가장 중요한 요소는 리더의 믿음과 낙관적인 태도이다. 장애물을 극복하기가 아무리 어렵더라도, 소명이 아무리 크다 할지라도 훌륭한 리더는 하나님에 대한 요지부동의 신앙과 하나님이 그 분의 뜻을 이루고야 말 것이라는 낙관적인 태도를 보여주어야 한다.

교회 내에서 중요 직분을 맡은 사람이라고 해서 모두 핵심계획그룹의 일원으로 삼을 필요는 없다. 신앙이 깊고 능력이 판명된 사람들로 그룹을 구성하라. 여러분이 계획을 수립하는 데 관여하는 최고 리더들의 수가 이미 많거나 리더들 중 계획 수립에 필요한 중요 지식이나 기술을 가진 사람이 없다면 그러한 것들을 갖춘 사람을 잠시 동안 그 그룹에 참여시켜 계획수립을 마무리 짓도록 해도 된다. 작은 교회에서도 큰 교회와 마찬가지로 핵심계획그룹의 구성원을 신중하게 선택할 필요가 있다. 좋은 계획은 미래를 보는 능력과 지혜, 시간, 에너지 등을 필요로 한다. 즉, 계획 수립을 위한 계획이 필요하다.

계획하는 좋은 습관을 길러라

계획은 다른 기술과 마찬가지로 지속적으로 그 능력을 기르는 습관을 키워야 한다. 우리들의 계획하는 습관을 기르는 몇 가지 방법을 제시하면 다음과 같다.

하나님의 마음과 사람들의 필요, 자신의 재능과 은사를 분별하는 능력을 계속해서 키워나가라

비전은 하나님에 대한 체험과 다른 사람들의 필요를 채워주고자 하는 마음이 합쳐지는 곳에서 시작된다. 비전을 추구하는 능력은 하나님이 주신 것이다. 우리는 결코 하나님이 주신 능력을 넘어갈 수 없다. 그 비전은 살아가는 동안 우리의 마음과 영혼, 그리고 그 분에 대한 우리의 섬김 속에 남게 된다. 우리가 그런 생각을 가지고 계속 배우고, 자라나는 한 하나님에 대한 우리의 사랑은 더욱 깊어지고 그 분을 위해 더욱 유용하게 사용될 것이다.

어떤 사람들은 자신의 삶이나 사역에서 상당한 성공을 거두고 명성을 얻은 후 더 이상 자라나지 못하는 것을 보았다. 그들은 자신들이 어느 수준에 도달 했다고 느끼기 때문에 더 이상 하나님의 소명을 향해 나아가고자 하는 마음을 품지 않는다. 우리는 갈렙과 같을 필요가 있다. 그는 나이 든 노인이었지만 약속의 땅에 대한 자신의 몫을 보고 "저 산지를 내게 주소서!"라고 말했다. 대부분의 사람들은 만족스러워할 수 있을지라도 그는 충분치 않다고 느낀 것이다.

여러분 자신을 잘 알아야 한다. 여러분을 앞으로 나아가게 만드는 것이 무엇인지 파악하라. 여러분의 생각, 가정생활, 기분, 사역지에서 자신의 성향을 잘 이해하라. 그것은 자신만의 세계에 머물기 위한 것이 아니라 다가오는 문젯거리를 보고 현명한 결정을 내리는 데 필요한 것이다. 다른 사람들에게 여러분의 능력과 성향에 대해 솔직히 자문하라. 여러분의 에너지를 자신의 강점에 집중하라. 그곳이 자신의 능력을 최고로 발휘할 수 있는 곳이다. 이와 함께 가능한 최고의 역량을 발휘하기 위해 자신의 부족한 부분을 채울 수 있도록 시간을 낼 필요가 있다.

다른 사람에게 비전을 심어주는 능력을 계발하라

리더는 주님과 그 분을 섬기는 것에 대한 자신의 열정을 다른 사람에게 나누어줄 수 있어야 한다. 이것은 단순히 입으로만 하는 것이 아니다. 자신이 가지고 있는 열정이 대화에서 자연스럽게 배어나오고, 행동에서 저절로 묻어나오는 사람은 다른 사람에게 비전을 심어주는 일에 성공할 수 있다. 진정한 열정은 다른 것으로 인해 가두어질 수 없다. 그것은 어떻게든 밖으로 표현되기 마련이다. 말은 행동으로 연결되어야만 한다. 누군가 당신에게 포드가 최고의 차라고 말하면서 도요다를 운전한다면 여러분은 그의 정직에 의문을 가질 것이다. 누군가 당신에게 선교는 사역의 중요한 부분이라고 말하면서 특별히 나눌 개인적 간증거리가 없다면 여러분들은 자신의 신앙을 그와 나누고 싶지 않을 것이고, 그가 가르치는 다른 진리의 말씀을 받아들이기 어려울 것이다. 그것은 여러분이 그에 대한 신뢰를 잃어버렸기 때문이다.

비전을 나누어주는 가장 효과적인 방법 중 하나는 사람들을 하나님이 역사하시는 곳을 보도록 데려가는 것이다. 그것은 사람들로 하여금 실제 전략과 프로그램을 경험할 수 있도록 만들어주기 때문에 사역에서 새로운 방법을 보여주고 믿음을 자극하는 우수한 방법이다. 또 다른 방법으로는 사람들에게 여러 가지 자료를 나누어줌으로써 그들의 소명의식을 자극하는 것이다. 도서, 비디오, 테이프, CD, 웹사이트 등 많은 자료들을 이용할 수 있다. 여러분은 이러한 자료들을 자신의 특별한 목회철학을 전달하는 수단이나 전하고자 하는 특별한 내용을 보충하는 수단으로 활용할 수 있다.

가진 자원과 투자비용을 항상 생각하라

예수님은 짧은 예화를 통해 주님을 따르는 일을 위해 치러야 할 비용이 얼마인지 아는 것이 중요하다고 일깨워 주셨다. 현명한 왕은 군사들을 전쟁터에 데리고 가기 전에 그 전쟁에서 이길 수 있을 것인지 미리 생각한다. 건축가는 건물을 완성하기 전에 들어가는 시간과 건축비를 미리 계산한다. 마찬가지로 교회 리더가 비전을 제시하기 전에 충분히 자세하게 투입 인력, 재정, 장소 등 비용을 고려해야 한다. 리더들을 선택하고 훈련하고 비전을 충분히 공유해야 한다. 돈, 재능, 파트너십은 시작하기 전에 제자리를 잡아야 하고, 행사를 수용하기에 충분한 공간이 마련되어야 한다. 참석한 사람들이 편안히 느낄 수 있는 환경과 빠른 서비스, 효과적인 커뮤니케이션 등 모든 것이 준비되어야 한다.

교회 내에 있는 자원의 가치를 과대평가하지 않는 것이 중요하다. 새롭고 활력에 넘치는 비전은 기존에 설정한 예산을 조금 더 사용한다고 해서 성공할 수 있는 것이 아니다. 대신 새로운 사람과 재원을 발굴할 필요가 있다. 하나님이 비전에 동참하는 새로운 사람들을 주실 것이라 믿어라. 프로젝트를 이루기 위한 새로운 재원을 찾아보라. 그런 의미에서 파트너십은 매우 중요한 자산이고, 파트너들은 특별한 비전을 이루는 프로그램에 적극적으로 기부할 것이다. 파트너들에게 하나님의 일을 위해 자신들의 시간과 돈을 사용할 기회를 제공하라. 이러한 일은 하나님의 일에 참여할 수 있도록 하는 공개적인 초대다.

사람들과 의미 있고 소중한 시간을 함께 하라

많은 사람들이 해야 할 일은 많으나 사용할 수 있는 시간이 많지 않아서 다른 사람들과 깊고 의미 있는 관계를 맺지 못하고 있다. 심지어 다른 사람과 관계를 발전시켜나가는 데 익숙한 사역자들도 마찬가지다. 그러나 효과적인 사역은 풍성하고 의미 있는 관계 구축을 필요로 한다. 예수 그리스도는 십자가에 매달리는 일 외에는 가시는 곳마다 사람들을 데리고 다니셨다. 그 분은 제자들뿐만 아니라 우리 모두를 데리고 다니신 것과 같다. 제자들은 그 분이 사람을 치유하는 것을 보셨고, 대중들이 그를 사랑하고, 성전 마당에서 돈을 바꾸는 사람들에게 화내는 모습과 그의 마음이 슬픔으로 찢어지는 듯한 고통을 느낄 때를 보았다. 그 분은 자신의 깊은 마음속과 미래에 대한 생각까지도 함께 나누어주셨다. 예수께서 친밀한 인간 관계를 맺는 것을 그렇게 강조하셨고, 우리가 그 분처럼 살기로 다짐하였다면 우리는 일정을 조정해서 다른 사람들과 의미 있는 관계를 맺을 수 있도록 해야 한다.

모범이 되는 사람들의 이야기를 소개하라

사람들과의 의미 있는 관계정립이 이루어지면 우리는 다른 사람들과의 풍성한 대화를 통해 그들의 관심사와 그들의 삶에서 일어나고 있는 하나님의 역사에 대해 더 잘 알 수 있게 된다. 그러한 대화 중에 여러분은 하나님의 역사를 목격할 수 있고, 그분이 어떻게 역사하고 계신지 적시해줄 수 있고, 특별한 확신과 격려로 그들의 믿음이 자라도록 도와줄 수 있다. 그러한 대화를 통해 여러분은 사람들이 마음속에 간직하고 있던 속내를 확인할 수 있고, 그 분들의 눈과 마음이 관심을 가지고 있는 것이 무엇인지 알게 된다.

예수님은 베드로가 어부인 것을 알았다. 그가 베드로와 그의 형제 안드레를 제자로 불렀을 때 그는 "나를 따라 오너라 내가 너희로 사람을 낚는 어부가 되게 하리라"고 말씀하셨다. 예수님은 하나님의 고귀한 목적과 어부로서 베드로의 경험을 연결시키시고, 말씀을 통해 베드로를 행동하게끔 만드셨다. 그리스도가 베드로를 위해 그린 그림은 그의 마음을 사로잡았다. 그것은 주님의 말씀이 베드로의 삶에 대한 열정을 일깨웠기 때문이다.

마찬가지로 어떤 사람이 오늘 내게 피아니스트가 될 것이라고 말한다면 나는 "그것 참 멋진데요"라고 대답할 것이다. 그러나 나는 그것이 의미하는 바가 무엇인지 잘 모르기 때문에 그 말은 나에게 큰 감동을 주지 못할 것이다. 한편 어떤 사람이 내게 나를 향한 하나님의 목적이 다른 목사나 교회 지도자들을 도와서 예수님이 말씀하신 대계명과 대사명을 보다 효과적으로 달성하도록 하는 것이라고 말한다면 나는 그 말에 전율하는 감동을 느낄 것이다. 그것이 바로 내가 관심을 가지고 나의 열정에 불을 붙이는 것이기 때문이다(바로 그 비전이 나로 하여금 이 책을 쓰게끔 만든 것이다). 우리는 사람들을 충분히 알 필요가 있다. 그래서 하나님이 우리를 사용하셔서 하나님이 주신 열정을 그리스도를 섬기는 멋진 기회로 연결시킬 수 있다.

예수님은 사람들의 마음을 움직이기 위해 예화나 우화를 사용하셨다. 오늘날 훌륭한 연사들은 좋은 예화를 사용함으로서 전하고자 하는 생각들에 생명을 불어넣곤 한다. 나는 종종 교회 공동체 안에서 하나님을 신뢰하고 그 분이 신실하신 분이라는 것을 발견한 사람들의 이야기를 말함으로써 사역에 생명을 불어넣고자 노력한다. 그런 사람들은 많은 성도들의 본보기가 되고, 성도들의 마음을 움직이는 촉매 역할을 한다. 사람들은 내가 이야기 하는 것을 들으러 오기도 하지만 그들은 자신과 비슷한 사람들이 인생을 살면서 하나님을 체험하고, 믿음으로 담대하게 행동한 이야기를 들을 때 마음에 큰 감동을 받는다. 그런 이야기들은 우리들의 믿음 생활에 매우 중요하며 나는 스스로 사람들의 살아가는 이야기를 전하는 청지기라고 생각한다. 그런 이야기를 알고, 현명하게 사용하여 그것들이 다른 사람의 삶에 큰 영향을 미치도록 하는 것이 나의 책임이다.

다른 사람들에게 본보기가 되는 이야기는 특별한 사람만이 경험하는 것이 아니라 많은 사람들이 공통으로 경험하는 것일 수도 있다. 우리가 교회를 공식으로 출범하기 바로 전인 1997년 12월에 약 80명 정도의 성도들이 카슨 밸리 인근의 카지노에서 예배 모임을 가지고 있었다. 그 당시 14명의 사람들이 한꺼번에 침례를 받기를 원했지만 우리는 그것을 어떻게 처리해야 할지 알지 못했다. 우리는 카지노 지배인에게 카지노 2층에서 침례를 하게 해달라고 부탁을 했다. 그는 잠시 동안 생각하더니 '그렇게 하세요. 그러나 나에게 무엇, 무엇을 도와 달라는 말은 하지 마세요"라고 말했다.

우리는 100달러를 주고 큰 욕조를 구입했다. 그리고 토요일 밤에 나는 내 동생과 함께 그것을 픽업트럭에 싣고 카지노로 가져왔다. 우리는 건물 뒤편을 통해서 간신히 욕조를 엘리베이터 안으로 옮길 수 있었다. 2층에서는 멋진 저녁 모임이 개최되고 있었다. 우리는 음식을 나르는 수레와 사람들을 비켜가기 위해 욕조를 조심스럽게 굴러가야만 했다. 그러자 사람들이 매우 이상하고 언짢은 표정으로 우리를 지켜보는 것을 느꼈다. 마침내 우리는 홀 한쪽 끝에 욕조를 옮겨놓을 수 있었다. 다음날 우리는 아침 6시에 카지노에 도착해서 긴 호스를 이용해서 욕조에 온수를 가득 채웠다. 그때까지는 모든 것이 순조롭게 이루어졌다. 우리는 그 일을 마치고, 욕조 위에 커버를 덮고 사람들이 올

때까지 기다렸다. 우리는 모든 것이 잘 이루어졌다고 생각했다. 그러나 그날 바깥 날씨가 매우 추웠는데 어떤 사람이 아침 내내 뒷문을 열어 놓았었다. 그래서 욕조를 놓아뒀던 복도가 거의 얼어붙을 듯이 추웠다. 우리가 욕조를 덮어놓았던 커버를 벗겼을 때 뜨거운 물과 차가운 물이 충돌하여 복도는 순식간에 수증기로 가득 차 버렸다. 그날 침례에 참석한 모든 성도들은 지금도 그일을 '일생에 딱 한 번 경험할 수 있는 일' 이라고 말하고 있다. 그것은 결코 평생 잊지 못할 침례식이었다.

이해하기 쉬운 원리들을 전하라

나는 글을 쓸 때 항상 성경을 옆에 두고 찾는다. 성경은 매우 두껍고, 오늘날과는 매우 다른 환경 속에서 쓰인 것이다. 때때로 성경은 나에게 겁을 주기도 하지만, 조직신학을 정식으로 공부하지 못한 사람들에게는 성경의 복잡한 내용이나 두꺼운 부피가 얼마나 부담스럽게 다가올까 하고 생각할 때가 있다.

목사는 성경의 내용을 성도들이 쉽게 이해할 수 있는 원리로 재구성하여 설명할 수 있을 때 성도들에게 가장 큰 영향을 미칠 수 있다. 하나님과 동행하기 위해 성경 속에 나오는 343,643개의 단어를 모두 알아야 한다고 생각하지는 않는다. 그러나 많은 사람들은 가능한 한 많이 그것들을 배워서 적용하고 싶어 한다.

성경 속에서 가장 중요하고 사람을 변화시키는 교훈은 이 책에서 다룬 용서, 은혜, 하나님의 주권, 그리스도의 신성, 부활, 심판, 사역원칙과 같은 원리에서 비롯된다. 하나님의 뜻과 길을 이해하기 위해 로즈 장학생(Rhodes Scholar : 전 세계에서 가장 우수한 사람들만이 받을 수 있는 영국 옥스퍼드 대학의 장학생)이 될 필요가 없다. 성경 진리를 전하여 사람들의 삶을 변화시키도록 만드는 것은 나의 큰 특권이자 소망이다. 단지 사람들이 말씀을 귀로 듣는 것만으로 끝나는 것은 의미가 없다. 사람들이 이해할 수 있는 위대한 진리는 다른 사람들에게 쉽게 전해질 수 있다. 우리는 그 진리가 자신에게 미치는 영향에 대해 감동받을 때 다른 사람에게 그것을 말하고 싶어 한다.

여러분의 삶에 큰 영향을 끼친 목사나 선생들을 생각해보라. 제임스 패커 *J. I. Packer*와 같은 저명한 신학자도 자신의 연구결과를 여러분이나 나 같은 사람들이 쉽게 이해할 수 있도록 만들어서 우리가 변화를 경험하도록 하고 있다. 릭 워렌이나 빌 하이벨스와 같은 목사들은 자신들의 비전이나 경험을 수백 만 명의 사람들이 이해하고 받아들일 수 있도록 만들어서 그들의 인생을 바꿔놓았다. 우리들이 해야 할 일은 그들의 본보기를 따라서 분명하고 능력 있게 사람들이 알아들을 수 있도록 말씀을 가르치는 것이다.

다섯 가지 전략을 실행으로 옮겨라

나는 이 책을 읽는 모든 사람들이 오늘 당장 다섯 가지 전략을 완전히 실행하기를 원하지만 그것이 비현실적인 기대라는 것을 안다. 어떤 사람은 분명한 비전을 수립하는 것이 필요할 수 있고, 또 다른 사람은 리더로서 다른 사람들의 신뢰를 얻을 필요가 있다. 확실한 리더 그룹을 세우고, 그들에게 여러분의 열정과 철학을 심어주어 그들이 여러분과 같은 마음을 가지는 데는 시간이 필요하다. 우리들 중에는 다른 사람보다 능력이 뛰어난 사람이 있기는 하지만 적어도 우리는 무엇인가 시작할 수 있다.

각 장의 끝에 첨부한 예제는 여러분이 큰 꿈을 꾸고, 현재의 상황을 되돌아보고, 비전과 현실의 간극을 채우기 위한 구체적인 걸음을 걸을 수 있도록 도와주기 위해 만들어졌다. 장 말미에 주어지는 질문을 가지고 생각하는 시간을 가져라. 그리고 하나님의 인도를 구하는 기도를 간절히 드리기를 바란다. 여정의 매 단계에서 여러분을 도와줄 자원을 발견하라. 지혜와 용기를 합치는 방법을 배우고, 열정을 가지고 인내하며 비전에 대해 분명한 목소리를 내면서 다른 사람의 말에도 귀를 기울이는 법을 배워라. 사람들의 마음을 사로잡는 큰 계획을 수립하여 교회 밖에 머물고 있는 수천의 사람들의 마음을 감동시켜라. 지역기관들과 강하고 효과적인 파트너 관계를 수립하라. 사람들이 기쁨

과 즐거움을 가지고 봉사할 수 있는 자리를 찾을 수 있도록 도
와주라. 여러분의 디모데가 될 제자를 찾아서 그들을 훈련시키
는 데 정성을 쏟아 복음의 영향력이 배가되도록 하라. 지금 당
장 이 모든 것을 할 수는 없다. 그러나 첫 걸음을 시작하고 계속
다음 걸음을 걸어가라.

마크 트웨인은 "남보다 앞서가는 비결은 먼저 시작하는 것이
다"라고 말했다. 먼저 시작하는 비결은 복잡하고 많은 일들을
작고 관리 가능한 일로 나누어서 하나씩 실행에 옮기는 것이다.

사람들이 어려움을 이겨내도록 도와주라

기성교회에서는 몇몇 사람들만이 새로운 비전에 대해 긍정
적이고 즉각적으로 반응할 것이다. 그 외 다른 사람들은 모든
의문들이 해결될 때까지는 비전에 적극적으로 참여하지 않을
것이다. 어떤 사람은 비전이 실제로 작동하고, 자신에게 유익이
된다는 것이 증명될 때까지 참여하지 않는다. 심지어 전혀 마음
을 열지 않고 고집불통인 사람들도 있다.

나는 솔직한 질문을 좋아한다. 우리 교회는 많은 성도들이
초신자들이어서 질문하는 것이 자연스럽다. 우리에게 가장 공
통된 질문은 옛날 것에 집착하려 하기 때문에 생겨나는 것이 아
니라 성경이나 목회 철학을 아직 제대로 이해하지 못하고 있기

때문에 발생한다. 나는 그러한 질문들에 귀를 기울여 듣고, 그들에게 설명해주는 것을 좋아한다. 그리고 그들에게 구체적인 본보기들을 보여주는 것을 좋아한다.

그러나 사람들은 위와 다른 이유로 질문을 할 수도 있다. 어떤 이는 새로 가는 길이 제대로 작동할지 의문을 가진다. 그것은 그들이 변화에 실패한 적이 있는 교회에 다닌 적이 있었기 때문이다. 어떤 사람은 리더의 속내를 의심할 수 있다. 이런 사람들은 대개 그럴듯한 말에는 마음이 움직이지 않는다. 기껏해야 리더들이 자신들을 증명할 기회를 가질 때까지 비난을 자제하고 있을 뿐이다. 이것이 여러분 앞에 놓여 있는 현실일 것이다.

기성교회에는 중요한 변화의 초기단계에서 단호하게 반대하는 사람들이 항상 있을 거라고 생각한다. 그러나 그들 중 대부분은 첫 번째 진짜 성공의 신호를 보게 되면 함께 변화의 대열에 참가할 것이라고 생각한다. 첫 번째 성공은 리더들에게 희망을 주고, 그들이 방어적이거나 논쟁에 휩싸이게 되는 것을 막아준다. 몇몇 교회 리더들이 믿고 있는 것과 달리 사람들은 그들의 적이 아니다. 그들 대부분은 하나님을 사랑하고, 자신들이 교회에서 사람들로부터 존경 받고 싶어 한다. 그러나 그들은 전에 잘못된 리더십에 의해 상처를 입었고, 다시는 상처를 입고 싶어 하지 않는다. 그들을 참을성 있게 대해주고 여러분의 진심과 목적을 설명하고, 여러분이 앞장 서 갈 수 있도록 기도해달라고 부탁하라.

실제 목회현장에서 많은 사람들에게 장애가 되는 것은 하나님이 자신의 영광을 위해 사람들이 가진 능력을 어떻게 사용할 수 있는지 보지 않는다는 데 있다. 사람들은 성속을 구분하고, 일상에서 하는 일들을 의미 없는 것으로 치부하고, 심지어 자신들의 믿음에 장애가 된다고 믿고 있다.

나는 최근에 과거에는 전혀 교회 일을 하지 않던 화가와 함께 일을 시작했다. 그녀는 비누, 자동차 판매 광고물을 디자인하는 데 많은 세월을 보냈지만 지금은 그리스도를 위해 사람들의 삶을 변화시키는 일에 자신의 재능을 쓰고 있는 것에 대해 즐거워하고 있다. 그녀는 직장 일보다 교회 일에 더 많은 노력과 정성을 쏟는다. 나는 그녀가 교회 일로 더 많은 것을 얻을 것이라고 확신한다.

작가이자 신학자인 존 스콧은 **"현대 목사들이 해야 할 일은 한 손에는 성경을 들고 또 한 손에는 신문을 들고, 그 둘을 연결하는 다리를 세우는 것이다"**라고 말했다. 나의 역할은 사람들을 도와서 일상생활과 하나님의 나라 사이에 다리를 세우는 것이다.

단기간의 승리도 맛볼 수 있게 하라

존 맥스웰은 사람들을 위해 승리를 얻을 필요가 있다고 말했다. 제임스 쿤즈와 베리 포스너는 그들이 공저한《리더십 챌린지 *Leadership Challenge*》에서 돈 베넷이라는 사람에 관한 이야기를 들려주고 있다. 돈 베넷은 다라가 없는 사람으로 시애틀 근처에 있는 라이니어 산 정상을 오른 첫 번째 장애인이다. 그는 처음 시도에서 정상으로부터 120m 떨어진 지점까지 갔으나 거친 돌풍으로 인해 정상 정복에 실패했다. 다음 해까지 베넷은 몸을 열심히 단련해서 몸 상태를 훨씬 좋게 만들었다. 그는 새로운 준비가 끝났을 때 두 번째 시도를 했다. 5일 동안 노력한 끝에 정상에 도달할 수 있었다. 정상 정복 후 어떤 사람이 베넷에게 "어떻게 그런 일을 이룰 수 있었습니까?" 하고 물었다. 그는 "한 번에 한 걸음씩! 나는 매일 1,000번씩 그 산 정상에 서는 모습을 생각했습니다. 그리고 등산을 시작하면서 자신에게 '누구나 정상에 오를 수 있다'고 다짐을 했습니다. 그리고 나 역시도 마찬가지입니다. 오르는 것이 힘들어질 때마다 눈앞에 놓인 길을 바라보면서 자신에게 '너는 한 걸음 더 갈 수 있고, 다른 사람도 그렇게 할 수 있다'라고 말했습니다. 그리고 나는 실제로 그렇게 했습니다." 저자들은 베넷의 업적에 대해 **"가장 효과적인 변화는 점진적으로 일어나는 것이다. 리더들은 큰 문제를 잘**

게 나누어서 사람들이 단지 한 번만이 아니라 수백 번 긍정적인 답을 하도록 만든다"고 설명을 달았다.

하나님의 백성을 돌보는 목자로서 한 일 중 가장 유익한 것은 초신자들을 격려해서 자라도록 만드는 것이다. 나는 초신자들이 신앙생활을 시작한 후 가능한 한 빨리 좋은 결과를 얻을 수 있도록 상황을 만들어간다. 그것은 초신자들을 교회 행사에 참여시켜 열심히 일하도록 만드는 것이다. 그리고 솔직하게 행사가 끝나는 날 "오늘 하나님이 하신 일을 보십시오. 여러분은 그 일에 중요한 역할을 했습니다"라고 말하는 것이다.

성경은 초신자들을 리더의 자리에 앉히지 말라고 말하고 있다. 나는 믿음이 약한 초신자를 리더의 자리에 앉힐 수도 있다고 말하고 있는 게 아니다. 초신자들은 손님을 맞이하는 역할, 햄버거를 굽는 일, 광고물을 설치하는 일, 표지판을 칠하는 일, 의자를 치우는 일, 부스를 설치하는 일 등을 도울 수 있다. 사람들이 다른 사람들의 삶을 변화시키는 멋진 일의 일부를 담당토록 만들어라. 초신자들은 그것을 좋아할 것이다. 그들은 남들에게 어떻게 자신이 그리스도를 의지했는지 말하게 될 것이다.

성장을 멈추지 말라

디 혹*Dee Hock*은 조직체 내에서 무질서와 질서 간의 밀접한 관계에 대해 기술한 《무질서와 질서의 조직 *The Chaordic Organization*》이라는 책에서 리더는 사용하는 시간의 절반 이상을 자신의 자기 경영에 사용해야 한다고 말했다. 그것은 우리에게 현실을 모르는 소리처럼 들릴 수 있지만 그 원리는 틀린 것이 아니다. 우리는 소유하지 못한 것을 남에게 나누어줄 수 없다. 우리 중에 약 70%의 사람들이 이미 오래 전에 말라붙은 자신을 통해 다른 사람에게 그리스도를 향한 열정을 나누어주려 하고 있다. 메마른 샘에서는 어떤 사람도 물을 먹을 수 없다. 우리 속이 텅 비어 있으면 다른 사람의 비전을 자기 것처럼 나누어줄 수밖에 없다. 그것은 진정 우리 자신의 것이 아니다.

샘에서 다시 물이 솟게 만들어라. 여러분 자신을 새롭게 하여 메마른 샘을 다시 채워라. 우리는 하나님이 우리 각자를 통해서 이루신 것에 대해 감동을 받을 때, 다른 사람의 인생을 통해 이루고자 하시는 일에 깊은 관심을 가지게 된다. 교회에 대한 비전은 하나님을 깊이 사모하는 마음에서 쏟아져 나온다.

말씀 안에서 처음으로 주님을 제대로 만났을 때 여러분의 마음이 얼마나 뜨거웠는지 기억하고 있는가? 그런 열정이 자신

과 다른 사람의 인생을 변화시키고, 리더로서 자신이 소유한
것을 다른 이에게 나눠주게 만드는 것이다. 그것이 인생과 목
회의 열쇠다.

1. 여러분은 어떤 일을 계획하는 일에 소질이 있습니까? 소질이 있다면 왜 그런지 혹은 소질이 없다면 왜 그런지 말해보세요? 여러분 주변에서 여러분이 계획하는 일을 잘 할 수 있도록 도와줄 사람이 있나요?

2. '계획한다' 는 말이 의미하는 것은 무엇인가요? 이것을 어떻게 효과적으로 할 수 있나요?

3. 다음 일을 계획하기 위해 현재의 상태를 평가하고 어떻게 계획할
   지 생각해보세요.

- 하나님의 마음과 사람들의 필요, 자신의 재능과 은사를 분별하는 능
  력을 계속해서 키워나가라

- 다른 사람에게 비전을 심어주는 능력을 계발하라

- 가진 자원과 투자비용을 항상 생각하라

- 사람들과 의미 있고 소중한 시간을 함께 하라

- 모범이 되는 사람들의 이야기를 소개하라

- 이해하기 쉬운 원리들을 전하라

- 다섯 가지 전략을 실행으로 옮겨라

- 사람들이 어려움을 이겨내도록 도와주라

- 단기간의 승리도 맛볼 수 있게 하라

4. 우선순위를 정하고 자원을 모으고 계획을 실천으로 옮기는 과정
   들을 어떻게 이루어갈 것인지 설명해보세요.

늘 새로움을 유지하라 Keep it Fresh 11

"우리의 소망이나 기쁨이나 자랑의 면류관이 무엇이냐 그의 강림하실 때 우리 주 예수 앞에 너희가 아니냐"

| 데살로니가전서 2 : 19 |

모든 교회는 불신자들에게 복음을 증거하고, 믿음의 사람들을 세우는 일을 목적으로 하고 있고, 마음을 다해 그리스도를 사랑하고 그 분을 영화롭게 하기 위해 어떤 일이라도 감당하겠다는 생각을 가진 사람들이 이끌어가는 곳이다. 이와 달리 현재의 상태에 안주해서 지역사회에 전혀 영향을 미치지 못하는 교회는 올바른 교회의 모습에서 벗어나 있고 하나님이 그 백성들을 위해 예비해두신 것을 놓치고 있다.

언젠가 이 문제에 관해 한 친구와 이야기하고 있었는데 그는 "그러나 존, 우리 교회의 정체성은 어떤 대가를 지불해서라도 위험은 피하자는 것입니다. 교회 리더들은 그렇게 하는 것이 사람들을 계속 교회에 나오도록 만드는 것이라고 생각합니다. 그들은 교회가 안전한 곳이 되기를 원합니다. 그들은 큰일을 위해 하나님을 신뢰하도록 사람을 부추키는 것을 원하지 않고 있습니다"라고 말했다.

모든 교회는 특별한 은사나 재능을 지니고 있고, 분명한 목회 스타일을 가지고 있다. 그러나 그것들이 교회의 기초를 이루는 것은 아니다. 교회와 리더십의 기초를 이루는 것은 목회자와 성도들이 하나님의 마음을 제대로 이해하고 있느냐 하는 것이다. 어떤 교회도 하나님의 마음이 함께 하지 않으면 이 책에 나오는 어떤 전략도 시도하지 않는 것이 나을 수 있다. 그런 교회의 성도들은 하나님과 사람들을 진실로 사랑하는 그리스도인들을 만날 수 있기를 바란다. 예수님은 차지도 뜨겁지도 않은 교회에 대해 매우 꾸짖으셨다. 하나임의 위대하심과 말로 다 할 수 없는 은혜에 대해 미지근한 것보다 차라리 차거나 뜨거운 것이 나을 것이다.

하나님의 우리를 향한 위대한 계획은 현재의 상태에 안전하게 머무는 것이 아니다. 그것은 사람들에게 복음을 전하기 위해 위험을 무릅쓰는 것이고, 잃어버린 한 마리의 양을 찾기 위해 아흔 아홉 마리의 양을 떠나는 것이고, 잃어버린 동전 한 닢을 찾기 위해 온 집을 청소하는 것이고, 내가 가진 모든 것을 팔아 그분을 좇는 것이고, 세상의 모든 것을 예수 그리스도를 아는 뛰어난 지식에 비교해볼 때 전혀 쓸모없는 쓰레기처럼 여기는 것이다.

나는 오랫동안 미국 전역의 여러 교회에서 설교를 해왔다. 그 중 어떤 교회들에서는 내가 마음을 쏟아 말했지만 마치 미 프로야구의 대표급 투수인 랜디 존슨의 강속구가 큰 베개에 부딪치는 것 같은 느낌을 받았다. 성도들이 약간의 영향을 받은 듯 했지만 다시 원래의 상태로 돌아가는 듯했다. 이와 대조적으로 리더들이 예수 그리스도에 대해 큰 열정을 가지고 있어서 모든 성도가 그로부터 큰 영향을 받고 있는 교회에서 설교할 때도 있었다. 그때는 나의 메시지가 그렇게 심오하지 않았더라도 사람들의 표정은 내 입에서 나오는 한 마디 한 마디를 놓치지 않고 모두 받아들이려 한다는 것을 느낄 수 있었다. 그들의 태도는 나에게 유명한 크리스천 찬양 그룹인 캐드몬스 콜이 부른 찬양 가사의 한 구절을 생각나게 했다. "주여 말씀하소서. 우리가 듣기를 간절히 원합니다." 나는 하나님의 말씀을 듣기를 사모하고 들은 것을 행동으로 기꺼이 옮기려는 마음을 가진 사람들과 함께 있는 것을 좋아한다.

우리는 그리스도를 위해 세상에서 가장 매력적인 메시지와 강력한 힘으로 복음을 증거하고 있다고 생각한다. 만약 가슴이 뜨겁지 않다면 잠시 물러서서 마음을 재충천할 필요가 있다. 우리들 중에는 이 책의 3장 끝부분에 있는 캐서린 마샬의 기도를 다시 읽어보고, 그녀의 기도가 우리의 기도가 되도록 할 필요가 있다.

여러분의 소명을 새롭게 하라

생명은 일정한 방향으로 나아가는 경향이 있다는 것이 자연의 기본법칙이다. 우리는 이를 엔트로피*entropy*라고 부른다. 바위는 부서져 먼지가 되고 바람에 날려가버린다. 단풍나무 씨는 바람에 날려 여기저기로 흩어져버린다. 우리는 주변에서 그런 것들을 많이 볼 수 있다. 조직의 기본법칙은 시간이 지나면서 관료주의가 늘어난다는 것이다. 그런 조직 속에서 혁신적 기업가들은 한 줄기 신선한 바람과 같다. 교회를 포함한 조직들은 시간이 지나면서 행정과 회의와 현존하는 프로그램의 유지에 더 많은 시간을 쏟기 시작한다. 그들은 조직에 활력을 불어넣어주고 성장을 계속할 수 있는 새로운 활동에는 시간과 에너지를 거의 쓰지 않는다.

바울은 선교여행을 통해 많은 교회를 개척하였다. 그는 한 장소에 오랫동안 머물면서 자신이 세운 교회가 가지고 있는 많은 문제를 해결하는 데 힘을 쏟을 수도 있었다. 그는 심지어 새로운 교단의 최고 책임자가 될 수도 있었지만 자기의 소명을 늘 새롭게 하였다. 데살로니가에 있는 그리스도인에게 보낸 그의 첫 번째 편지를 대충 읽어만 보아도 교회가 성장하면서 생겨나는 여러 가지 일상적인 필요 때문에 자기의 사명을 잊어버리지 않았음을 알 수 있다. 데살로니가전서의 앞부분 몇 장을 읽어보면 바울이 "많은 싸움 중에 하나님의 복음을 너희에게 말하(2 : 2)"는 데 집중했다는 점을 알 수 있다. 그의 동기는 오직, 그리고 항상 하나님을 기쁘게 하는 것이었지 사람을 기쁘게 하는 것이 아니었다.(2 : 3~6)

바울과 성도 간의 관계는 풍성하고 따뜻한 만남이었다. 그의 편지들 가운데서 가장 부드러운 말 중 하나는 "우리가 이같이 너희를 사모하여 하나님의 복음으로만 아니라 우리 목숨까지 너희에게 주기를 즐거워함은 너희가 우리의 사랑하는 자 됨이니라(2 : 8)"였다. 그의 관심은 자녀를 돌보는 어머니와 같았고(2 : 7), 그의 뜨거운 사랑은 아버지의 사랑과 같았다(2 : 11). 그는 그들을 다시 보기를 갈망하며 그의 '영광과 기쁨(2 : 17~20)'이라고 불렀다. 바울은 자신의 소명을 새롭게 함으로써 우리들의 시간을 빼앗고 영혼을 썩게 만드는 관료주의의 희생양이 되는 것을 막을 수 있었다. 교회가 성장하고 여러 가지 일상적으로 처리해야 할 일이 늘어났을 때조차도 바울은 그리스도에 대한 사랑과 선교사역과 다른 성도들을 격려하는 깊고 풍성한 인간관계를 가지기 위해 노력하였다.

조직 내에 서서히 스며드는 관료주의는 어떤 측면에서는 매력적으로 보이기도 한다. 그것은 위험 대신 안전과 존경을 보장한다. 우리가 현재의 상태에 만족해 있으면 장래의 가능성을 위해 희생을 감수하려 하지 않게 된다. 조직 내 젖어 있는 타성은 하나님의 비전을 이뤄나가는 데 가장 큰 장애요인 중 하나이다. 우리들 중 많은 이들이 관료주의가 주는 신분이나 지위, 안전함에 지나치게 심취되어 있다. 지난 23년간의 목회기간 동안 하나님은 나의 직위와 무관하게 그 분의 뜻에 따라 일하시고 계신다는 것을 경험할 수 있었다. 직위는 안전을 보장하지만 비전은 위험을 요구한다.

하나님이 나에게 그 분을 위해 큰 꿈을 주실 때 나는 자신에게 이렇게 묻는다. '내가 기꺼이 현재 서 있는 자리에서 미지의 세계로 걸어 나오려는 마음을 가지고 있는가? 안전에서 위험으로, 안전한 직위에서 하나님을 신뢰할 수밖에 없는 극히 위험한 처지로 나오려는 마음이 있는가?' 질서는 개인이나 조직의 삶에서 가장 고상한 목적이 아니다. 활력이 가장 고상한 목적이다.

하나님에 대한 관점을 새롭게 유지하라

우리가 복음을 불신자들과 나누면서 얻는 가장 큰 혜택 중의 하나는 그들의 관점에서 하나님의 은총을 다시 보게 된다는 점이다. 그들은 우리처럼 신학적으로 치우쳐져 있지 않다. 그들은 우리와 달리 복음의 내용을 진부하게 느끼지 않는다. 그들은 하나님의 아들이 자신들을 개인적으로 사랑하시기 때문에 이 땅에 오셔서 끔찍한 죽음을 당하시고, 죽은 자 가운데서 살아나신 것에 감탄한다. 그들을 통해 나는 성경 속의 하나님을 새로운 시각으로 보게 된다.

신약성경에서 가장 놀라운 구절 중 하나는 요한계시록의 앞부분에 나오는 예수님의 모습이다. 요한계시록을 기록한 요한은 예수님의 가장 친한 친구였다. 그는 최후의 만찬 때 예수님의 가슴에 머리를 기대고 앉아 있던 사람이었고, 자신을 예수님이 가장 사랑했던 제자로 요한복음에서 기록하고 있다. 그들은 매우 친밀한 관계를 가지고 있었다. 그러나 부활하신 예수님이 영광 중에 나타났을 때 요한은 완전히 놀라고 말았다. 그는 그리스도를 눈은 불꽃처럼 빛나고, 다리는 주석처럼 빛나고, 목소리는 큰 소리를 내며 떨어지는 물소리처럼 우렁찬 것으로 묘사했다. 그의 입에서는 좌우에 날선 검이 나오고 "그의 얼굴은 해처럼 빛나는(1 : 16)" 것으로 기록했다. 요한은 예수님의 가장 친한 친구 중 한 사람이었음에도 그 광경을 목도했을 때 '마치 발을 움직일 수 없는 것처럼' 느꼈다. 경외할 하나님이자 위로자이신 예수님은 친구의 마음을 감동시키시고, 자신의 사랑과 권능과 뜻을 확신시켜주셨다.

여러분은 예수님을 생각할 때 그 분을 교회의 스텐인드글라스에 새겨진 근엄한 인물로 생각하지 않는가? 혹은 다른 사람을 위해 고통을 감수하신 연민을 가지셨지만 귀족적인 사람으로 생각하지는 않는가? 혹은 너무 대단하서서 나 같은 사람은 안중에도 없는 분으로 생각하지 않는가? 메시야가 우리에게 너무 일상화되면 우리가 드리는 예배는 일이 되어버리고, 우리의 기쁜 봉사는 멍에가 되어버린다. 그의 위대함과 은혜에 대한 경외감을 가지지 못하고 오히려 교회 리더의 자리에만 관심을 가지게 되기 쉽다.

인간은 누구나 힘들고 어려운 시기를 경험한다. 사람은 누구나 죄를 짓기 쉬운 본성과 세상이 주는 압박감, 우리를 낙심시키고 속이려 드는 무자비한 적들과 씨름하고 있다. 우리는 예수 그리스도를 얼굴과 얼굴을 맞대어볼 때까지 이러한 어려움에서 완전히 벗어날 수 없다. 그러나 그때까지 우리들의 사명은 힘들 때나 기쁠 때나 그 분을 계속해서 찾는 것이다. 하나님은 우리에게 그 분을 향한 심오하고 결코 끌 수 없는 열망을 주셨는데 그것은 그 분 외에는 다른 어떤 것으로도 만족시킬 수 없다. 시편 기자는 다음과 같이 노래했다.

> 하나님이여 사슴이 시냇물을 찾기에 갈급함 같이 내 영혼이 주를 찾기
> 에 갈급하나이다
> 내 영혼이 하나님 곧 생존하시는 하나님을 갈망하나니 내가 어느 때에
> 나아가서 하나님 앞에 뵈올꼬　　　　　　　　　　　　　(시편 42 : 1~2)

나는 하나님이 우리가 시편 기자처럼 그 분을 향해 부르짖고, 그 분을 사랑과 생명의 근원으로 추구할 때 기뻐하실 것이라고 확신한다. 그리고 하나님이 가끔은 우리의 시선을 끌기 위해 또 우리가 그 분을 얼마나 신뢰하는지 보시기 위해 어려움도 주신다고 생각한다.

고난과 실패는 비전을 새롭게 유지하도록 만든다

존 맥스웰은 우리가 "실패를 통해 앞으로 나아갈 수 있다"고 말했다. 우리가 실패하거나 넘어질 때마다 일어나는 행동은 우리를 한 걸음 앞으로 나아가게 만든다. 우리는 실수로부터 배운다. 이것은 어려운 일이지만 매우 값진 것이다. 위험을 감수하려는 태도는 바로 실패를 감수하려는 태도를 말한다.

여러분이 스키를 배우고 싶어 하면서 넘어지는 것을 두려워 한다면 스키를 제대로 배울 수 없으며 결코 좋은 스키선수가 되지 못한다. 실패에 대한 두려움은 여러분의 배우려는 능력을 방해한다. 용기와 힘을 가진 리더십은 큰 성공을 가져오지만 그러한 자질은 대가 없이 얻을 수 없다. 솔로몬은 이 원리를 잘 묘사했다. "소가 없으면 구유는 깨끗하려니와 소의 힘으로 얻는 것이 많으니라(시편 14 : 4)"

우리가 마귀의 공격을 가장 받기 쉬운 시기 중 하나는 위험을 감수하고 성공을 경험한 후다. 우리가 전쟁 중에 있을 때에는 대개 공격이나 장애물을 잘 알고, 하나님을 의지하게 된다. 그러나 일단 승리를 얻게 되면 경계를 풀게 된다. 우리가 사역에서 성공을 거둔 후에도 적들의 공격에 대해 준비하고, 하나님에 대한 신뢰를 버리지 않는 것이 진짜 성숙한 크리스천이다.

고난은 우리가 하나님에 대한 신뢰를 가지도록 만들고 그 분으로부터 지혜와 힘을 간구하도록 만든다. 바울이 가지고 있던 육체의 가시는 그에게 큰 고통을 안겨주었다. 그는 하나님께 세 번이나 그것을 제거해 달라고 기도했지만 주님은 그에게 "내 은혜가 네게 족하다. 이는 내 능력이 약한데서 온전하여짐이니라(고린도후서 12 : 9)"라고 말씀하셨다. 바울은 하나님의 계획이 고통과 고생을 필요로 할 수 있지만 그것은 선하고 옳다는 것을 깨달았다. 그는 자신이 가지고 있는 육체의 가시를 겸손과 하나님에 대한 신뢰를 가르치기 위해 하나님께서 주신 은혜의 일부로 받아들였다.

코리 텐 붐*Corrie ten Boom*은 많은 고생을 했지만 하나님은 그녀에게 자신의 뜻을 보여주셨다. 그녀와 가족들은 독일 점령 기간 동안 유대인을 숨겨준 것 때문에 나치수용소에 보내졌다. 감옥에 있는 동안에 그녀의 여동생 베시는 죽었다. 코리는 이렇게 썼다.

"하나님은 우리 인생을 위해 문제가 아니라 계획을 가지고 계십니다. 내 여동생 베시는 레이븐스브룩에 있는 수용소에서 죽기 전에 나에게 '코리, 언니의 모든 인생은 이곳 감옥에서 언니가 하고 있는 일과 앞으로 하게 될 일을 위한 훈련기간이야' 라고 말했습니다."

"그리스도인의 삶은 보다 높은 봉사를 위한 교육이다. 운동선수들은 훈련이 어렵다고 불평하지 않는다. 그는 경기를 생각하고 경주를 생각한다. 내 인생의 지나온 날들을 돌이켜보면 나는 하나님이 자기 자녀들을 다루시는 방법을 깨달을 수 있다. 전쟁 중에 네덜란드의 수용소에 갇혀 있을 때 '주님, 저들이 나를 독일 수용소에 보내지 말게 해주세요' 라고 기도했다. 하나님은 그 기도에 대해 'No' 라고 대답하셨다. 그러나 독일 수용소에서 맞이한 끔찍한 공포 가운데서 나는 예수 그리스도를 한 번도 들어본 적이 없었던 많은 죄인들을 만날 수 있었다."

"하나님이 나의 여동생 베시와 나를 사용하셔서 불신자들을 예수님께로 인도하는데 사용하지 않으셨다면 그들은 결코 그 분의 이름을 들어본 적이 없었을 것이다. 많은 사람들이 죽고 살해당했지만 많은 사람들이 예수의 이름을 부르며 죽어갔다. 그들은 우리가 겪은 모든 고난에 대한 충분한 보상이었다. 신앙은 안개 속을 내다보는 레이더 같다. 사람의 눈에는 보이지 않지만 저 멀리에 분명한 실체가 있다."

나는 이 책이 낙관적이고 감동을 주며 신앙이 가득한 책이 되기를 원하지만 그렇다고 해서 하나님을 의뢰하는 것이 항상 성공과 행복이 보장된 '햇빛 가득한 평원'으로 이끄는 것이라는 인상을 주기를 원하지 않는다. 주님은 하나님 아버지의 뜻을 따라 십자가를 지셨다. 바울은 주님을 따르면서 헤아릴 수 없는 많은 고난과 핍박과 어려움을 겪었다. 하나님을 따르는 길은 기쁨의 산꼭대기로 우리를 인도하기도 하지만 고난의 계곡을 지나기도 한다. 그것이 바로 십자가의 길이다. 우리가 이러한 사실을 받아들일 때 우리는 어려움에 의해 눈멀지 않게 된다.

바울은 빌립보 교인들에게 보내는 기쁨의 편지에서 "그리스도를 위하여 너희에게 은혜를 주신 것은 다만 그를 믿을 뿐 아니라 또한 그를 위하여 고난도 받게 하심이라(빌립보서 1 : 29)"라고 기록했다. 바울이 말한 대로 고난은 하나님의 선물이다. 나는 성찬식을 가질 때마다 하나님이 우리로 하여금 다시 자신과 관계를 가지도록 만드시기 위해 얼마나 많은 희생을 치렀는지 되돌아본다. 하나님이 우리를 위해 감당하신 큰 고난을 생각하면 우리가 그 분을 위해 당하는 고난이 얼마나 작은 것인지 깨닫게 된다. 이러한 생각을 가지게 될 때 하나님께 내 인생을 편안하게 만들어 달라거나 사람들이 나에게 긍정적으로 반응토록 해달라는 부탁 대신에 겸손과 감사의 마음을 가지게 된다.

그리스도께서 나를 위해 지불하신 고난의 값을 잊어버릴 때 나는 고난으로부터 교훈을 얻을 수 없다. 고통은 변화를 위한 좋은 자극이다(어떤 이는 가장 큰 자극이라고 한다). C. S. 루이스는 고난을 우리들의 관심을 모으고, 진심으로 그 분을 찾게 만들고, 그 분과 그 분의 뜻을 향해 한 걸음 더 나아가는 데 필요한 일을 하도록 만드는 '하나님의 확성기' 라고 불렀다.

우리 중에는 무의미하고 무기력하게 오랫동안 살아온 사람들이 있다. 우리는 그리스도와 그의 나라에 대한 열정의 부족을 합리화하고, 우리의 변명에 익숙하게 되었다. 하나님이 이 책을 사용하셔서 그런 분들이 자기의 성격과 소명을 바로 깨닫고, 현재 자신의 모습과 하는 일에 대해 불만을 느끼게 만들어주시기를 바란다. 그런 연후에 우리는 진정한 변화를 가져오는 데 따르는 위험을 감수할 동기와 인내를 가질 수 있을 것이다.

우리 중에는 죄 때문에 고통 받는 분이 있다. 이에 대한 치료는 회개하는 것이다. 우리는 사역에서 위대하고 영광스러운 일이 일어나기를 기대하지만 그것은 생각보다 훨씬 힘든 일이기 때문에 때때로 고난을 겪는 경우도 있다. 우리는 비난과 배반과 실패로 인해 어려움을 겪었다. 우리가 배울 수 있는 가장 중요한 교훈 중 하나는 인생과 사역은 힘들다는 것이다. 고통 없이 성공하리라는 비현실적인 기대는 항상 실망으로 끝난다.

바울은 성도들에게 고난과 기쁨을 모두 본보기로 보여주셨던 예수님을 따라 인내하며, 용기를 가지고 믿음을 지키라고 격려했다. 교회 성장의 역사는 그리스도와 그의 복음을 위해 말할 수 없는 고난을 감수했던 사람들의 이야기다. 우리는 그들과 다르리라고 기대해서는 안 된다. "우리가 하나님을 의지하기만 하면 말할 수 없는 축복이 따른다"는 약속을 하는 현대신학의 사조는 우리를 기만하는 것이며 믿음생활에 매우 해로운 것이다. 그들은 너무 많은 것을 약속함으로써 사람들로 하여금 그것들을 달성코자 하는 희망을 포기하게끔 만들고 있다.

우리는 카손 밸리 지역에 교회를 시작하여 큰 성공을 거두었고 많은 축복을 받았다. 이러한 성공과 축복은 사실 나와 가족들의 큰 희생을 대가로 주어진 것이다. 나는 하나님이 주신 꿈을 이루기 위해 경제적으로 매우 안정된 직장을 버리고 불안정한 일을 시작하였다. 하나님은 가끔 필요한 물질을 기적적으로 공급해주셨지만 때로 내가 가족들에게 너무 큰 희생을 요구한 것이 아닐까 하고 생각하게 만든 때도 있었다.

우리가 이곳으로 옮겨 왔을 때 나의 가장 큰 딸은 열세 살이었다. 캘리포니아에서 우리가 다니던 교회는 매우 생기 넘치는 중·고등부를 가지고 있었다. 그러나 카손 밸리에서 시작한 작은 교회는 일 년 반 동안 제대로 된 중·고등부를 가지지 못했다. 아직도 우리 교회의 중·고등부는 딸이 5년 전 다니던 교회의 중·고등부에 비해 못 미친다. 아버지로서 훌륭하게 갖추어진 중·고등부에서 딸 아이가 누릴 수 있었던 기쁨과 즐거움을 경험하지 못하고 자극받지 못하고 도전받지 못하는 것을 보는 것은 고통이었다. 주님은 이런 시간들을 통해 딸의 믿음을 깊게 만드시고, 크고 좋은 중·고등부에 있었더라면 얻지 못했을 성숙함을 주셨지만 그것은 어려운 고비를 지난 후 주어진 것이었다. 가족들이 겪은 다른 희생은 새로운 교회의 개척 과정에서 매일 매일 일어났는데 그러한 것들은 큰 교회를 섬길 때나 총회에서 일할 때는 결코 경험하지 못한 것들이었다.

그리스도를 따르는 것은 우리 가족이 지난 5년 동안 경험한 것과 같은 개인적인 희생뿐만 아니라 조직적인 희생도 필요로 한다. 한 조직에 대한 하나님의 비전은 변화와 함께 큰 동요를 가져온다. 지난 수년간 컨퍼런스에서 수백 명의 목사들과 이야기하면서 많은 사람들이 처음에는 하나님이 그들의 교회에 주시는 비전에 대한 소명에 대해 매우 긍정적으로 반응하는 것을 알게 되었다. 그러나 여러 번의 모임이 계속되면서 점차 그들의 얼굴에서 흥분의 불길이 사라지는 것을 발견했다. 그들은 자신뿐만 아니라 교회 지도자와 성도들에게 변화가 의미하는 것이 무엇인지 알게 되었고, 변화과정에서 그들이 싸워야 하는 심술궂은 적들이 어떠한지 알게 되었다. 그래서 그들은 그러한 희생을 치루고 싶지 않게 되었다.

한 목사님은 나에게 "나는 새로운 변화를 이루어가는 데 필요한 대가를 치루고 싶지 않습니다. 이제 나는 당신이 말하는 것이 어떤 것인지를 알게 되었습니다. 나는 그것이 문제를 해결하는 것보다 더 많은 문제를 만들어낼 것이라고 생각합니다." 나는 믿을 수 없었다. 내가 그들에게 하도록 부탁한 것은 그리스도의 대계명과 대사명에 대해 믿음과 용기를 가지고 반응하라는 것이었다. 나의 메시지는 그들에게 전혀 새로운 것이 아니었을 것이다. 적어도 그것은 급진적인 것이 아니었다. 그것은 믿음과 삶, 사역에 관한 것이었다. 특별히 자신이 하나님으로부터 세상에 복음을 전하고 양 무리를 돌보는 일을 위해 부름을 받았다는 사람들을 위한 것이었다.

다른 사람과 함께 나눔으로써 비전을 새롭게 유지하라

혼자만 가지고 있는 비전은 죽기 마련이다. 다른 사람과 함께 나눈 비전은 더 강하게 자라나고 날카로워진다. 우리 각자는 비전을 받았고 하나님의 신성한 뜻의 일부가 되는 소명을 받았다. 우리가 하나님에 의해 선택되었고 세상에 그 분의 전권대사로서 보냄을 받았다는 것에 흥분이 되지 않는다면 그 사람은 심전도를 측정해볼 필요가 있다.

리더로서 나의 역할은 하나님이 주신 비전을 주위에 있는 모든 사람에게 전파하는 것이다. 부목사부터 전도 행사에 참여한 일반 사람까지 각각의 사람이 하나님에 의해 사용되고, 하나님의 자녀가 되는 놀라운 특권을 가지기를 원한다. 사람들의 눈에서 새로 얻게 된 믿음으로 불꽃이 피어오르는 것을 볼 때마다 나의 비전은 마음속에서 더욱 강해지고 분명해진다. 나는 앞에서 말한 비전이 사람들이 자신이 발견한 사랑과 삶의 의미에 관한 보배를 다른 사람에게 말하지 않고는 참을 수 없기 때문에 더 멀리 퍼져나갈 수밖에 없다는 것을 안다.

나의 일은 여러 사람들에게 그 비전을 전달하고, 그들이 그것을 이해하고 받아들이도록 만드는 것이다. 나는 교회의 리더들에게는 보다 상세한 정보와 시각을 심어주기 위해 노력한다.

왜냐하면 그들은 보다 심오하며 성장하는 비전을 볼 때 감동을 받기 때문이다. 지금까지 나는 크리스천 사역자로 삶의 원리들에 대해 이야기했고, 그것들을 각 상황에 적용하고, 성도들에게 적용하는 방법에 대해 말했다. 나는 교회 예배에서 하나님의 사랑에 초점을 맞춰 우리의 핵심가치와 동기의 본질로 삼았다. 나는 기쁜 마음으로 모든 사람을 의미 있는 방법으로 그 비전에 동참하도록 초청했다. 심지어 전도 행사에서도 나는 사람들에게 찾아와주어서 기쁘다고 말하며 그들이 그리스도를 아는 은혜와 기쁨을 발견하기를 희망한다고 말한다. 그러한 발견은 그 사람을 더 큰 비전으로 나아가게 만드는 것이다.

비전을 다른 사람과 나누는 또 다른 측면은 자신의 위치를 빼앗길 수도 있는 위험을 감수하고서라도 유능한 사람을 훈련시키는 것이다. 나는 리더들, 특별히 동료 목회자들에게 자신보다 더 나은 재능을 가진 사람을 발견하고 훈련시킬 수가 있는지 물어본다. 나는 자신에게도 똑같은 질문을 던짐으로써 동기가 순수한지 점검한다. 나는 교회 성도들이 "차라리 그 사람을 세우는 것이 낫겠다"라고 말할 정도로 어떤 사람을 좋은 리더와 목사로 키우는 데 온 힘을 쏟는 것에서 기쁨을 느낀다.

바나바는 초대교회의 지도자였다. 그러나 바울이 왔을 때 바나바는 기꺼이 바울의 뛰어난 재능을 인정하고, 그를 앞에 세우고 자신은 뒤로 물러났다. 그의 겸손함의 결과로 교회의 선교사역은 큰 성공을 거두었다.

코리 텐 붐은 "나는 하나님으로부터 어떤 것을 움켜지지 않을 것이다. 늘 마음을 비운 채 살 것이다. 하나님은 많은 것들을 내게 주셨고, 그 분이 가져가기를 원하실 때 가져가시도록 할 것이다"라고 말했다. 우리는 자신의 지위, 급여, 안락을 꽉 움켜쥐고 놓지 않으려 하지 않는가? 우리는 이러한 것들이 주님이 주신 것이며 언제든지 그 분이 원할 때 주님께 드릴 준비가 되어 있는가?

내가 좋아하는 그림 중 하나는 항해하는 배의 조타장치 앞에 서 있는 한 젊은이를 그린 것이다. 예수님께서 그 젊은이의 어깨 위에 한 손을 얹은 채 서 계시고, 다른 한 손으로 폭풍 속 어딘가를 향해 가르키시는 장면이다. 이 그림을 보고 있으면 여러 가지 생각이 난다. 첫째로, 그리스도의 손은 핸들을 잡고 계시지 않다. 그 분은 그 책임을 젊은이에게 맡기셨다. 평안한 물위에서 항해를 계속하고 있을 때, 하나님은 얼마나 자주 불확실한 미래를 향해 나아가도록 인도하시는가? 둘째로 그리스도는 미래를 가리키시며 그 젊은이와 함께 있고, 그를 격려하고 계신다는 점이다. 하나님이 우리를 부르셨을 때 바다에는 폭풍이 일어 우리가 두려워할 수 있지만 그 분은 항상 우리 곁에 계신다. 우리가 그 분에게 눈을 돌리면 그 분은 우리에게 용기와 나아가야 할 방향을 제시해주신다. 한두 개의 폭풍우를 헤쳐나간 후에 젊은이는 하나님이 가리키시는 방향을 알게 되고, 그의 경험을 다른 사람에게 전파하게 된다. 그의 지혜와 용기는 항구에서 연마된 것이 아니고, 넓게 펼쳐진 폭풍우 치는 바다에서 갈고 닦은 것이다.

우리가 교회 개척을 계획하고 있을 때 첫 해는 걱정하지 않았다. 오히려 그 다음 해를 걱정하고 있었다. 그 당시 나는 우리 교회에는 관심을 지속적으로 기울여야 하는 초신자들이 많이 올 것이라는 것을 알았다. 그래서 그들의 필요를 채워주다 보면 내가 받은 분명하고 균형 잡힌 소명은 서서히 사라져버리게 될 것을 우려했다. 나의 우려는 사실로 판명되었다. 둘째 해가 되었을 때 나는 교회의 여러 가지 일을 다루느라 시간과 에너지의 대부분을 사용하게 되고, 진작 나의 소명을 감당하는 데는 힘을 쏟을 수가 없게 되었다.

그 당시 주님은 매우 중요한 원칙을 가르쳐주셨다. 초신자들은 전도와 양육의 강력한 조화 속에서 가장 잘 자랄 수 있다는 것이다. 여러 가지 이유 때문에 그들의 성장에만 관심을 기울이는 것은 실수다. 그들의 영혼구원을 위해 복음을 전하는 하나님의 일에 동참시킬 때 가장 잘 자랄 수 있다. 전도사역에 그들을 동참시키는 것은 그들에게 하나님의 은혜를 떠올리게 만들고,

그 일을 통해 하나님을 의뢰하게 만들어주며, 전도를 위해 다른 사람과 함께 일하면서 강한 인간관계를 맺도록 도와준다. 초신자들은 종종 자신들의 신앙에 대해 매우 열정적이다. 이는 신앙이 자신들에게는 새롭고 풍성하며 실제적이기 때문이다.

전도는 이 다음이라는 생각을 버려야 한다. 잃어버린 영혼을 찾고 구원하는 것은 하나님이 가장 중요시하는 것이다. 불신자들이 우리에게 나아올 때까지 기다리지 않고 복음을 들고 그들에게 다가가는 것은 교회의 중요한 사명이다. 그것은 신앙인의 믿음에 중요한 자극이 된다. 전도는 계획의 핵심이기 때문에 그것을 계획에 포함시켜야 할지 생각할 필요가 없다. 우리들이 생각해야 할 것은 언제, 어디에서, 어떻게, 누구에게 복음을 전할 것인가 하는 세부적인 일들에 관한 것이다.

새로운 측정 기준

목사와 교단 사역을 통해서 대부분의 크리스천 리더들이 단일 기준에 따라 성공을 평가하고 있는 것을 발견했다. 그것은 바로 성도의 수다. 성도의 수는 분명히 중요한 성장 지표이지만 나는 그보다 다른 지표가 훨씬 의미가 있다고 생각한다. 그것은 불신자들을 전도한 숫자이다. 이 기준은 성도 수를 기준으로 평가

하는 것에 비해 죄의식을 불러일으키지 않고, 다른 교회와의 비교도 조장하지 않는다. 우리 교회가 다른 교회보다 빨리 자라고 있는지 의심하는 대신에 나는 불신자들에게 복음을 전할 수 있게 해 달라고 하나님께 간구하고 기도 드린다. 나는 불신자들이 죄사함의 은총을 체험하고, 그들을 향한 뜻을 알기 위해 그리스도에게 의지하기를 원한다. 나는 성도들이 하나님의 위대하심과 주시는 은혜에 반응해서 "주님, 제가 여기 있습니다. 저는 당신의 것입니다. 저는 진심으로 당신을 따르기를 원합니다"라고 말하기를 원한다.

바울에게서도 불신자들을 전도한 숫자가 그의 성과 지표였음에 분명하다. 그는 데살로니가 교인들에게 보낸 편지에서 "우리의 소망이나 기쁨이나 자랑의 면류관이 무엇이냐 그의 강림하실 때 우리 주 예수 앞에 너희가 아니냐 너희는 우리의 영광이요 기쁨이니라(데전 2 : 19～20)"라고 말했다.

위험을 피하려는 욕망과 현존하는 조직에 머물려는 생각은 교회 리더들에게 부정적인 영향을 미친다. 그것은 두려움과 비교의식, 죄의식, 충동을 낳고, 사람들을 사랑하기보다는 이용하려 하고, 격려하려 하기보다는 실망감을 불러일으킨다. 참된 신자를 가진 참된 사역은 안전에 머물지 않는다. 그것은 혼란스럽

고 무질서하게 보일 수 있다. 실제로 우리는 하나님의 성령의
활동을 통제할 수 없다.

우리 교회를 신약시대의 교회와 비교한다면 그것을 고린도
교회와 비교하고 싶다. 우리 교인들은 그들과 비슷한 어려움을
가지고 있다. 바울은 그들을 교회 조직의 틀 안에서 묶어두려
고 하지 않았다. 그는 고린도 교인들에게 예수님을 바라보도록
말했다. 그는 그들에게 그리스도를 따르는 혜택을 상기시켰고,
불순종의 결과에 대해 경고하였다. 그는 그리스도가 그들의 가
장 큰 보배라고 말했다. 교회 조직은 성도들의 마음을 감동시
키지 못하며 인생을 변화시키지도 못한다. 다만 그리스도가 그
렇게 하신다.

바울은 우리가 흙으로 만든 토기 안에 복음의 보배를 간직하
고 있다고 말했다. 우리는 하나님의 사랑과 그 분의 파트너가
되는 놀라운 특권을 받을 자격이 없다. 그것은 하나님께로부터
온 선물이고, 말할 수 없는 경이로움이며, 천지의 하나님이 흠
많고 금이 간 그릇을 선택하셔서 하늘의 보배로 바꾸어주시고,
그 분의 은총을 그 갈라진 틈을 통해 다른 사람에게 전하도록
하셨다. 나는 그 사실 때문에 매일 기쁜 마음으로 잠자리에서
일어난다. 하나님의 사랑이 한 사람을 감동시키고 그 인생을 변
화시키고, 회복시키고 새롭게 만드시고 그 분의 엄청난 사역에

나를 사용하고 계신다는 것을 느낄 때 큰 감동을 받는다. 하나님에 대한 감사함이 넘쳐나는 마음으로 특정한 장소, 특정한 시간에 있는 것은 상당한 희생을 요구하지만 적어도 내게는 그것이 희생을 치를 만한 값어치가 있는 것이다.

Question

1. 데살로니가전서 1장과 2장을 읽으세요. 그리고 바울과 같이 바쁘고 할 일이 많은 사람이 자기의 소명을 어떻게 새롭게 유지할 수 있었는지 살펴보고 종이 위에 그 내용을 적어보세요.

2. 요한계시록 1 : 9 ~ 18절까지를 읽으세요. 이 구절들이 여러분에게 그리스도의 위대함과 경이로움에 관해 어떻게 느끼도록 만들고 있나요? 여러분은 오늘 자신이 가지고 있는 스트레스와 하나님의 놀라운 위대함 중 어느 쪽에 압도되고 있나요?

3. 고난과 실패는 사람을 망칠 수도 있고, 강하게 만들 수도 있습니다. 이 양자를 구분 짓는 중요한 요소는 무엇인가요?

4. 비전을 '다른 사람에게 전파하는 것'이 비전을 새롭게 만드는 데 도움이 되는 이유는 무엇인가요?

5. 이 책에서 제시한 원칙과 전략들을 적용하는 것에 관해 생각하고 기도한 후에 여러분이 해야 할 일은 무엇인가요?

가슴 속 깊이 감사하는 사람들 Thanks For

내 동생 진 잭슨*Gene Jackson*에게 새 천년을 맞이하여 '미지의 땅'을 개척하기 위해 지역교회 사역에 헌신해온 것과 킹덤 벤츄어*Kingdom Ventures*를 이끌어가고 있는 것에 대해 고마움을 표시하고 싶다.

카손 밸리 크리스천 센터*Carson Valley Christian Center*의 성도들은 예수 그리스도와의 뜨거운 만남을 바탕으로 영혼구원을 끊임없이 노력해온 것에 대해 큰 칭찬을 받을 자격이 있다. 카손 밸리 크리스천 센터에서 함께 일하고 있는 리더십 팀의 동료들과 사역자들은 항상 나를 도와주었고, 그들에게 큰 감사의 빛을 지고 있다.

백스터*Baxter* 출판사의 팻 스프링글*Pat Springle*은 이 책이 출판될 수 있도록 해주었다(팻, 나는 여전히 이 책을 출판하는 동안에 우리가 이야기를 나누었던 모든 책들을 읽고 있습니다).

나의 자녀, 제니퍼*Jennifer*, 디나*Dena*, 레이첼*Rachel*, 조슈아*Joshua*, 그리고 해리슨*Harrison*은 내 인생의 기쁨이다. 나의 아내 파멜*Pamela*는 우리 가정의 희망과 평안의 샘터이다. 그녀에 대한 나의 감사는 말로 다 할 수 없다.

끝으로 예수 그리스도께서 내 인생에 베풀어주신 말할 수 없는 은혜에 대해 감사를 드리고 싶다. 하나님이 나를 통해서 현재와 영원에 걸쳐 만들어가시는 일들이 무척 보고 싶다.

비둘기와 같은 순결함과 뱀과 같은
지혜로움을 갖춘 한국교회를 꿈꾸며

최근 몇 년 사이에 성경원리를 기업경영이나 자기경영 분야에 적용한 책들이 독자들의 많은 관심을 끌어왔다. 이것은 매우 당연한 결과다. 성경은 세상의 다른 어떤 고전들보다도 인간의 삶에 관한 중요한 교훈을 많이 담고 있기 때문이다. 하지만 반대로 기업경영이나 자기경영의 원리들을 교회 운영이나 성도들의 삶에 적용하는 책들은 많지 않았다. 이것은 교회와 그리스도인들의 마음속에 심어져 있는 성속을 가르는 이분법적인 사고의 영향이 크다고 할 수 있다. 그러나 기업경영이나 자기경영의 원리들도 교회와 그리스도인의 삶에 긍정적으로 사용될 때 그것은 그 자체로 거룩한 것이다. 똑같은 주방용기라도 시내 음식점에서 쓰면 그것은 돈을 벌기위한 도구이지만, 교회에서 하나님을 섬기는 데 사용하면 성물이 되는 것이다. 하나님은 성경과 교회뿐만 아니라 이 세상 모든 것을 다스리는 창조주이시기 때문에 세상적인 것도 그 분을 위해 거룩하게 사용될 수 있다.

존 잭슨 목사의 책을 번역하면서 이런 생각은 더욱 분명해졌다. 존 잭슨 목사는 카지노장이 많기로 유명한 미국 네바다 주의 카손밸리 시에서 교회를 개척한 후 5년도 채 안 되어 괄목할 만한 성장을 이루어낸 분으로서 앞으로 미국 교계에 큰 영향을 끼칠 젊은 목사이다. 그분은 이 책에서 '복음의 내용은 절대 변할 수 없지만 그것을 사람들에게 전하는 방법은 시대에 맞게 새롭게 변화되어야 한다'고 역설하고 있다. 나는 전적으로 이 말에 동의한다. 오늘날 제3세계 국가들이나 구 공산권 국가에서는 그리스도의 복음이 사도행전적인 기적과 더불어 전파되고 있다. 그리스도의 십자가 희생만을 이야기하는 데도 많은 사람들이 눈물을 흘리며 회심하는 놀라운 일이 일어나고 있다. 그곳에서 선교사로 사역하시는 분들의 간증을 들어보면 예수님 당시나 초대교회에서 이루어졌던 기적들이 그런 지역에서는 아무렇지도 않게 일어난다고 한다. 그러나 한편으로 예전에 기독교 국가로 유명했던 유럽에서는 교회가 그 역할을 제대로 감당하지 못하고 있다. 과거 한때 수천 명이 모여 예배드리던 교회들은 지금은 쇠퇴하여 겨우 명맥만을 유지하고 있다. 그나마 선진국 중에서 교회가 그 역할을 제대로 수행하고 있고, 지역사회와 사회전체에 바른 영향을 미치고 있는 곳은 미국이다. 물론 보는 관점에 따라서 미국 교회도 많은 문제를 가지고 있을 수 있다. 그러나 미국의 교회는 여전히 살아 있다. 특별히 존 잭슨 목사 같은 분들이 있는 한 미국 교회는 쇠퇴하지 않을 것이다. 아니 더 나아가 조나단 에드워드 목사님 시대의 대부흥운동이 다시 미국에서 일어날 수도 있다고 생각한다.

존 잭슨 목사는 예수 그리스도를 향해 뜨거운 열정과 차가운 이성을 가지고 교회를 개혁해 나가시는 분이다. 교회도 기업이나 사회단체와 같이 사람들이 모인 조직이다. 그렇기 때문에 교회 운영에도 기업경영에 적용되는 '전략적 사고'가 필요하다. 교회는 하나님의 교회이기 때문에 기도를 열심히 하고, 말씀만 바로 선포되면 저절로 부흥된다고 말하는 분들이 있다. 그 말에도 전적으로 동감한다. 그런데 왜 오늘날 한국 교회는 갈수록 힘을 잃고 있는가? 특별히 최근 몇 년 사이에 한국 교회의 교인들의 수는 감소 추세로 바뀌었다고 한다. 앞서 잠시 언급한 대로 예전에 기독교가 전파되지 못했던 국가들이나 지역에서는 사람들에게 성경말씀을 그대로 전하기만 해도 눈물을 흘리면서 회개하는 역사가 일어나고 있다. 그러나 한국 사회는 이제 어지

간히 뛰어난 목사가 아니고서는 아무리 훌륭히 설교를 해도 성
도들의 마음에 감동을 주지 못하고 있다. 말씀이 홍수처럼 넘쳐
나지만 정작 사람들은 목말라하고 있다.

어떻게 하면 이 문제를 해결할 수 있을까? 과거와 같은 방식
으로 교회를 계속 운영하는 것이 해답인가? 사람들이 교회로 나
오지 않는 이유를 그들의 죄로 물든 심성 때문이거나 세상의 저
속한 문화들 때문이라고 비난만 하고 교회는 독야청청해야 할
것인가? 주님은 세리와 창녀들을 만나는 것을 주저하지 않으시
고, 그들 속으로 들어가셔서 그들과 먹고 마시면서 그들의 필요
를 채워주셨다. 그리고 그들이 이해할 수 있도록 쉽게 예화를
들어 복음을 설명해 주셨다. 또한 사람들이 그 분께로 나오기를
기다리지 아니하시고 제자들을 먼저 세상 속으로 보내셨다. 존
잭슨 목사도 현대적인 방법으로 예수님처럼 복음을 전하고 있
다고 볼 수 있다. 특별히 그 분은 교회운영에도 기업경영과 같
이 전략적 사고가 중요함을 역설하고 있다. 전략적 사고란 무엇
인가? 그것은 목표를 설정하고, 그것을 달성하기 위한 방법들을
체계적으로 수립한 후, 가능한 모든 자원을 이용해 그 목표를 효
과적으로 달성하는 것이다. 교회의 사명은 그리스도의 복음을
세상 사람들에게 전하는 것이다. 존 잭슨 목사는 그 일을 위해
사람들이 스스로 교회로 나오기까지 기다리지 말고, 먼저 교회

가 세상 속으로 다가서라고 말하고 있다. 그러기 위해서는 지역사회가 필요로 하는 것이 무엇인지를 파악하고, 교회가 그것을 줄 수 있어야 한다고 말하고 있다. 물론 그 모든 일의 중심에는 복음 증거가 있어야 함은 더 말할 필요가 없다. 만일 교회 혼자서 그 일을 할 수 없을 때는 지역단체와 전략적인 파트너 관계를 가지라고 권유하고 있다. 교회는 지역사회와 동떨어져 지낼 수 없다. 그리스도인은 세상의 것(of the world)이 아니지만 세상 속(in the world)에서 살아가야 한다. 교회가 세상의 나쁜 문화나 정신에 물들어서는 안 되지만 그렇다고 그것들이 두려워 세상 밖에 머물러서는 더욱 안 된다. 교회는 세상 속에 있으면서 사람들의 삶을 바꿔나가야 한다. 이것이 교회의 사명이다.

교회가 그와 같은 사명을 감당하기 위해서는 비둘기와 같은 순결함과 뱀과 같은 지혜로움을 동시에 가져야 한다. 그리스도의 복음을 비둘기와 같은 순결함에, 전략적 사고는 뱀과 같은 지혜로움에 비유할 수 있지 않을까? 한국교회가 오늘날 당면하고 있는 위기를 극복하고 새로운 부흥을 이루어 내려면 종전과 같은 방식으로는 어렵다고 본다. 새로운 패러다임의 전환이 필요하다. 한국에도 존 잭슨 목사님과 같은 훌륭한 목사님과 교회 지도자들이 많이 계신다고 믿고 있다. 그러나 더 많은 목사님과 교회지도자들이 새로운 사고를 가져야 한다. 물론 생각만 바꿔

어서는 안 된다. 그 생각을 실제 행동으로 옮길 수 있는 실천력
이 동반되어야 한다. 이 책을 통해 한국 교회와 사회를 위해 새
로운 사고와 이를 실천으로 옮기는 많은 목사님과 교회리더들
이 배출되기를 진심으로 기도드린다.

-옮긴이 김승환

지은이

존 잭슨 *John Jackson*

존 잭슨 박사는 카손밸리 크리스천 센터의 담임목사이자 비전퀘스트선교단의 대표이다. 챔프먼 대학교에서 종교학을 공부하고, 풀러신학교에서 신학 석사학위를, 캘리포니아 산타바바라 대학교에서 교육학과 조직관리로 박사학위를 받았다.

현재 아내와 5명의 자녀들과 카손밸리에 살고 있으며, 미국교계에서 총망받는 젊은 목회자로 큰 주목받고 있다.

옮긴이

김승환

서울대학교 경영학과를 졸업하고 한국은행에서 근무했
다. 1977년 미국으로 건나가 아이오와 주립대학에서 거
시경제와 국제경제 전공으로 박사학위를 받았다. 이후
삼성생명 기획관리실에서 근무했으며 현재 미국 샬럿
주에 있는 리폼드 신학교에서 성서신학과 크리스천 카
운슬링 석사과정을 이수하면 인생후반전을 준비하는 이
들을 위한 크리스천라이프 코치로서 제2의 인생을 준비
하고 있다.
저서로는 《라이프 체인지》, 역서로는 《스크루지 씨의 부
자수업》 등이 있다.
홈페이지 : www.lifechange.co.kr

한언의 사명선언문

Our Mission   − **·** 우리는 새로운 지식을 창출, 전파하여 전 인류가 이를 공유케 함으로써 인류문화의 발전과 행복에 이바지한다.

             − **·** 우리는 끊임없이 학습하는 조직으로서 자신과 조직의 발전을 위해 쉼없이 노력하며, 궁극적으로는 세계적 컨텐츠 그룹을 지향한다.

             − **·** 우리는 정신적, 물질적으로 최고 수준의 복지를 실현하기 위해 노력하며, 명실공히 초일류 사원들의 집합체로서 부끄럼없이 행동한다.

Our Vision   한언은 컨텐츠 기업의 선도적 성공모델이 된다.

> 저희 한언인들은 위와 같은 사명을 항상 가슴 속에 간직하고
> 좋은 책을 만들기 위해 최선을 다하고 있습니다.
> 독자 여러분의 아낌없는 충고와 격려를 부탁드립니다.
> · 한언 가족 ·

HanEon's Mission statement

Our Mission   − **·** We create and broadcast new knowledge for the advancement and happiness of the whole human race.

             − **·** We do our best to improve ourselves and the organization, with the ultimate goal of striving to be the best content group in the world.

             − **·** We try to realize the highest quality of welfare system in both mental and physical ways and we behave in a manner that reflects our mission as proud members of HanEon Community.

Our Vision   HanEon will be the leading Success Model of the content group.